Wolf-Dietrich Schwill · Roland Weibezahn

BASIC

Programmiersprachen

Einführung in die Programmiersprache FORTRAN 77, von G. Lamprecht

FORTRAN-Trainer, von H. Kohler

Einführung in ALGOL 68, von H. Feldmann

Einführung in die Programmiersprache PASCAL, von K.-H. Becker und G. Lamprecht

Einführung in PASCAL, von H. Feldmann

Einführung in die Programmiersprache PL/I, von H. Kamp und H. Pudlatz

Einführung in die Programmiersprache SIMULA, von G. Lamprecht

Einführung in die Programmiersprache BASIC
von W.-D. Schwill und R. Weibezahn

Einführung in die Programmiersprache COBOL, von W.-M. Kähler

Einführung in die Programmiersprache ADA, von M. Nagl

PEARL, Process and Experiment Automation Realtime Language, von W. Werum und H. Windauer

Einführung in das Datenanalysesystem SPSS, von W.-M. Kähler

Vieweg

Wolf-Dietrich Schwill/Roland Weibezahn

Einführung in die Programmiersprache BASIC

Anleitung zum Selbststudium

4. Auflage

Friedr. Vieweg & Sohn   Braunschweig/Wiesbaden

CIP-Kurztitelaufnahme der Deutschen Bibliothek

Schwill, Wolf-Dietrich:
Einführung in die Programmiersprache BASIC:
Anleitung zum Selbststudium/Wolf-Dietrich
Schwill; Roland Weibezahn. — 4. Aufl. —
Braunschweig; Wiesbaden: Vieweg, 1984.
    ISBN-13: 978-3-528-33322-5   e-ISBN-13: 978-3-322-84279-4
    DOI: 10.1007/978-3-322-84279-4
NE: Weibezahn, Roland:

Dr. Wolf-Dietrich Schwill und Dr. Roland Weibezahn sind Mitarbeiter
des Rechenzentrums der Universität Bremen

1. Auflage 1976
   Nachdruck 1978
2., erweiterte Auflage 1979
   Nachdruck 1980
3., überarbeitete Auflage 1982 (Die 1. bis 3. Auflage erschien in der Reihe uni-text)
4. Auflage 1984

Alle Rechte vorbehalten
© Friedr. Vieweg & Sohn Verlagsgesellschaft mbH, Braunschweig 1984

Die Vervielfältigung und Übertragung einzelner Textabschnitte, Zeichnungen oder Bilder, auch für
Zwecke der Unterrichtsgestaltung, gestattet das Urheberrecht nur, wenn sie mit dem Verlag vorher
vereinbart wurden. Im Einzelfall muß über die Zahlung einer Gebühr für die Nutzung fremden
geistigen Eigentums entschieden werden. Das gilt für die Vervielfältigung durch alle Verfahren
einschließlich Speicherung und jede Übertragung auf Papier, Transparente, Filme, Bänder, Platten
und andere Medien.

Umschlaggestaltung: Werner Lenz, Wiesbaden

ISBN-13: 978-3-528-33322-5

Inhaltsverzeichnis

	Vorwort	1
1	Einleitung	2
2	Programmieren an einem Kleincomputer	3
2.1	Der Dialog mit dem Kleincomputer	3
2.2	Programmieren in BASIC: Einführendes Beispiel	6
3	Elementare BASIC-Anweisungen	10
3.1	Arithmetische Wertzuweisung (LET)	10
3.2	Ausgabe arithmetischer Ausdrücke (PRINT)	14
3.3	Programmverzweigung - unbedingter Sprung (GO TO)	15
3.4	Programmverzweigung - bedingter Sprung (IF)	18
3.5	Dateneingabe über die Tastatur (INPUT)	21
3.6	Funktionen	24
3.7	Weitere Möglichkeiten mit der PRINT-Anweisung (PRINT, PRINT USING, PRINT TAB)	28
3.8	Programmschleifen (FOR - NEXT)	36
3.9	Programmverzweigung - berechneter Sprung (ON)	44
3.10	Kommentar-Anweisung (REM)	45
3.11	Programmende (STOP)	46
4	Weitere Möglichkeiten in BASIC	47
4.1	Felder (Vektoren, Matrizen)	47
4.2	Matrizenanweisungen (MAT)	55
4.3	Unterprogrammtechnik (DEF, GO SUB)	68
4.4	Einlesen programminterner Daten (READ, DATA, RESTORE)	78
4.5	Zeichenverarbeitung (Textverarbeitung)	82
4.6	Zugriff auf Dateien	92
5	Flußdiagrammtechnik	98
6	Beispiele	106
6.1	Primfaktorzerlegung einer natürlichen Zahl	106
6.2	Größter gemeinsamer Teiler zweier Zahlen (Euklidscher Algorithmus)	107
6.3	Berechnung der Zahl π	109
6.4	Extremwerte einer Funktion	111
6.5	Grenzwert einer Folge von Differenzenquotienten	112
6.6	Graph einer analytischen Funktion	114
6.7	Nullstellenbestimmung für Polynome (Newton-Verfahren)	116

6.8	Lösung einer Gleichung durch einfache Iteration	119
6.9	Numerische Integration (Trapezregel)	120
6.10	Numerische Integration (Simpsonregel)	123
6.11	Vollständiges elliptisches Integral 1. Gattung	125
6.12	Numerische Integration einer Differential-gleichung (Runge-Kutta-Verfahren)	129
6.13	Division von Potenzreihen	131
6.14	Regressionsgerade und Korrelationskoeffizient	134
6.15	Bundesliga-Spielplan	139
6.16	Sortieren durch Aufspalten (Quicksort)	142
Anhang	BASIC-Kommandos	146
	Register	148

Vorwort

Für die Lösung technisch-wissenschaftlicher Problemstellungen und zu Ausbildungszwecken ist auf den heute verbreiteten Kleincomputern u.a. die problemorientierte Programmiersprache BASIC (__B__eginners __A__ll-Purpose __S__ymbolic __I__nstruction __C__ode) verfügbar. Diese einfache und leicht erlernbare Programmiersprache erlaubt es, innerhalb kürzester Zeit einfache Aufgaben aus Mathematik, Statistik und Technik zu lösen. Dies ist ein Grund dafür, daß diese Programmiersprache häufig in Schulen und technisch-wissenschaftlichen Instituten angewendet wird. Darüber hinaus wird sie auch in zunehmendem Maße in kommerziellen Bereichen eingesetzt.

Die vorliegende Einführung in die Programmiersprache BASIC richtet sich im wesentlichen an Lehrer und Schüler von Gymnasien sowie an Studenten aus technisch-wissenschaftlichen Studiengängen. Das Buch ist so aufgebaut, daß der Leser die Programmiersprache anhand von einfachen Beispielen auch im Selbststudium erlernen kann.

Bewußt wurde darauf verzichtet, alle Möglichkeiten von BASIC zu beschreiben, um den Anfänger nicht unnötig zu verwirren. Jedoch reichen die dargestellten Sprachelemente aus, um die meisten anfallenden Programmieraufgaben zu lösen. Insbesondere werden diejenigen Sprachelemente dargestellt, die in der Regel auf allen am Markt angebotenen Kleincomputern verfügbar sind, so daß die einmal entwickelten Programme weitgehend portabel sind.

Gegenüber der 2. Auflage sind neben einigen kleineren Änderungen zusätzlich die logischen Operatoren sowie die Ein/Ausgabe von Dateien neu aufgenommen worden.

Herrn Professor Dr. Günther Lamprecht möchten wir für die Anregungen zu dieser Einführung in die Programmiersprache BASIC danken. Frau U. Kleinschmidt danken wir für ihre Mühe beim Schreiben dieser Druckvorlage.

Bremen, im Februar 1982   W.-D. Schwill
                                 R. Weibezahn

1 Einleitung

Die Programmiersprache BASIC gehört zu den sogenannten problemorientierten Programmiersprachen, d.h. das zu lösende Problem - etwa aus der Mathematik - wird zunächst formelmäßig aufbereitet. Der Benutzer kann sich dabei voll auf das zu lösende Problem konzentrieren. Der so entwickelte Formelplan kann dann ohne tiefere Kenntnis der internen Vorgänge einer Rechenanlage in ein Programm umgesetzt werden. Letzteres besteht aus einzelnen Anweisungen an die Rechenanlage, die diese ausführt und dem Benutzer die Ergebnisse zur Verfügung stellt. Die einzelnen Anweisungen sind in ihrer Struktur einfach, leicht zu erlernen und äußerlich den einzelnen Formeln eines Formelplanes ähnlich. Insofern ist diese Programmiersprache besonders für technisch-wissenschaftliche Problemstellungen geeignet.

Die vorliegende Einführung in die Programmiersprache BASIC gliedert sich wie folgt:

In Kapitel 2 wird zunächst der Dialog zwischen Benutzer und Rechenanlage beschrieben, der prinzipiell immer dann zu führen ist, wenn ein bereits formelmäßig aufbereitetes Problem in BASIC programmiert werden soll. Anhand eines einfachen Beispiels werden einige Grundelemente dieser Programmiersprache und deren Wirkungsweise erläutert.

In Kapitel 3 wird auf diejenigen BASIC-Anweisungen eingegangen, die notwendig sind, um kleine Aufgaben, z.B. aus der numerischen Mathematik, zu programmieren und damit zu lösen.

In Kapitel 4 werden die Grundelemente ergänzt um die Matrixanweisungen, die Unterprogrammtechnik und um Anweisungen zur Verarbeitung von Zeichen und Zeichenketten, ferner werden die Anweisungen zur Dateiverarbeitung vorgestellt.

In Kapitel 5 wird anhand eines umfangreichen Beispiels auf die Flußdiagrammtechnik eingegangen. Sie ist unabhängig von BASIC zu betrachten, aber für denjenigen Benutzer zu empfehlen, der komplizierte Probleme zu lösen hat.

In Kapitel 6 werden eine Reihe von Grundaufgaben der numerischen Mathematik und Statistik formelmäßig aufgearbeitet und die zugehörigen Programme mit Testdaten und Ergebnissen vorgestellt.

Im Anhang wird auf die Wirkungsweise einiger typischer BASIC-Kommandos zur Erstellung und Pflege sowie Speicherung und Ausführung von BASIC-Programmen eingegangen.

2   Programmieren an einem Kleincomputer

2.1   Der Dialog mit dem Kleincomputer

Ein Kleincomputer besteht neben dem Rechenwerk und dem Arbeitsspeicher aus einer schreibmaschinenähnlichen Tastatur als Eingabemöglichkeit und einem Bildschirm als Ausgabemöglichkeit. Darüber hinaus sind in der Regel vorhanden bzw. anschließbar ein Drucker als weiteres Ausgabemedium sowie eine oder mehrere kleine flexible Magnetplatteneinheiten, sogenannte Floppy-Disk-Einheiten (Disketteneinheiten), zur längerfristigen Speicherung von Daten und Programmen.

Die Handhabung eines Kleincomputers ist i.a. sehr einfach, aber vom zur Verfügung stehenden Typ abhängig; deshalb beschränken wir uns im folgenden auf die Darstellung der Sprachelemente von BASIC.

Zum Erlernen der Programmiersprache BASIC wird im folgenden davon ausgegangen, daß ein Kleincomputer mit Tastatur und Bildschirm sowie möglichst einem Diskettenlaufwerk zur Verfügung steht, so daß der Leser die angegebenen Beispiele nachvollziehen und die Aufgaben praktisch lösen kann. Selbstverständlich kann an Stelle eines Kleincomputers auch eine an eine Großrechenanlage angeschlossene Datenstation in gleicher Weise benutzt werden.

Erstellung und Ausführung eines Programms vollziehen sich grundsätzlich in Form eines Dialoges, d.h. es entsteht ein Frage- und Antwortspiel zwischen Benutzer und Rechenanlage (Kleincomputer bzw. Datenstation) nach folgendem prinzipiellen Muster:

1.) Benutzer: Ich will die Rechenanlage benutzen.

2.) Rechenanlage: Welche Art von Tätigkeit willst Du ausführen?

3.) Benutzer: Ich will in BASIC programmieren.

4.) Rechenanlage: Erstelle bitte Dein BASIC-Programm.

5.) Benutzer: Eingabe der einzelnen BASIC-Anweisungen, z.B. zur Berechnung der Dreiecksfläche f aus den 3 Seiten a,b,c, wobei die Werte für a,b und c während der Ausführung des Programms vom Benutzer eingegeben und der Wert von f ausgegeben werden sollen; dies soll für verschiedene Dreiecke nacheinander möglich sein.

6.) Benutzer: Das BASIC-Programm ist fertig! Beginne mit der Ausführung des Programms.

7.) Rechenanlage: Beginnt mit der Ausführung des Programms:
Wie groß sind a,b,c?

8.) Benutzer: a=4.978, b=5.61, c=3.754

9.) Rechenanlage: Ausgabe des Ergebnisses: f=9.15868

10.) Rechenanlage: Wie groß sind a,b,c?

11.) Benutzer: a=5.984, b=7.432, c=10.34

12.) Rechenanlage: Ausgabe des Ergebnisses: f=21.8796

Wiederholung der Schritte 10,11,12 beliebig oft

n.) Rechenanlage: Wie groß sind a,b,c?

n+1.) Benutzer: Mir reichts!

n+2.) Rechenanlage: Willst Du ein neues Programm erstellen?

n+3.) Benutzer: Nein!

n+4.) Rechenanlage: Auf Wiedersehen!

Die Schritte 1 bis 4 und 6 sowie n+1 bis n+4 sind von
Rechenanlage zu Rechenanlage formal verschieden, logisch
jedoch immer ähnlich. Diese Teile des Dialogs gehören nicht
zur Programmiersprache BASIC.

Das Prinzipielle eines BASIC-Programms wird in den Schritten
5,7,8,9 deutlich: In Schritt 5 wird über die Eingabetastatur
das BASIC-Programm in Form von "Programmanweisungen"
(oder kürzer ausgedrückt "Anweisungen") in die Rechenanlage
eingegeben, und in Schritt 6 wird die Rechenanlage zur
Ausführung dieser Anweisungen aufgefordert. In Schritt 7
fordert die Rechenanlage entsprechend dem in einer Anweisung
des Programms festgehaltenen Benutzerwunsch den Benutzer auf,
die Zahlenwerte für a,b,c einzugeben; in Schritt 8 reagiert
der Benutzer auf diese Anforderung, indem er Zahlenwerte eingibt und erhält in Schritt 9 sein gewünschtes Ergebnis.
Dieser Vorgang kann beliebig oft wiederholt werden, jedoch
muß der Benutzer die Möglichkeit haben, den Dialog zu beenden
(Schritt n+1).

An dieser Stelle sei darauf hingewiesen, daß dem Rechner das
Ende jeder Eingabe (Zeile) durch Drücken der dafür vorgesehenen
Funktionstaste (i.a. RETURN-Taste) mitgeteilt werden muß.

In den folgenden Kapiteln beschäftigen wir uns nur mit der
Erstellung und Ausführung eines Programms, d.h. mit den
Schritten 5 und 7 - 9 (ggf. mit Wiederholungen).

2.2 Programmieren in BASIC: Einführendes Beispiel

Aus der Planimetrie ist bekannt, daß sich die Fläche f eines Dreiecks mit den Seitenlängen a, b und c folgendermaßen ergibt:

$$f=\sqrt{s(s-a)(s-b)(s-c)} \quad \text{mit} \quad s=\frac{1}{2}(a+b+c)$$

Wir stellen uns die Aufgabe, für a=4.978 cm, b=5.61 cm und c=3.754 cm die Dreiecksfläche f in cm^2 zu berechnen.

Die in Kapitel (2.1) zunächst nur verbal erläuterten Schritte 5, 7, 8 und 9 sehen in diesem Fall so aus:

Schritt 5
```
10 INPUT  A,B,C
20 LET    S=(A+B+C)/2
30 LET    F=SQR(S*(S-A)*(S-B)*(S-C))
40 PRINT  F
50 GO TO  10
```

(Schritt 6)
Schritt 7   ?
Schritt 8   4.978,5.61,3.754
Schritt 9   9.15868
Schritt 10   ?
Schritt 11   5.984,7.432,10.34
   ⋮   ⋮

Erläuterungen:

a) Zunächst sieht man, daß nur Großbuchstaben benutzt werden, dies ist der Normalfall.

b) Weiter fällt auf, daß jede Zeile des Programms, genannt <u>Anweisung</u>, mit einer Nummer beginnt, der sogenannten <u>Anweisungsnummer</u>. Auf jede Anweisungsnummer folgt ein <u>Schlüsselwort</u> (z.B. LET, PRINT, INPUT, GO TO), das die auszuführende <u>Operation</u> angibt. Danach folgen im <u>Operandenfeld</u> nähere Angaben zu der speziellen Operation. Die Länge der gesamten Anweisung einschließlich der Leerzeichen darf eine bestimmte Länge nicht überschreiten (i.a. 72 oder 80 Zeichen). Leerzeichen ("Blanks") sind ohne Bedeutung für die Rechenanlage und dienen der besseren Lesbarkeit des Programms für den Benutzer.

c) Die Anweisungsnummer ist obligatorisch und muß eine positive ganze Zahl sein (i.a. maximal 5 Stellen). Jedes <u>Programm</u> besteht aus einer Reihe von Anweisungen. Diese können in beliebiger Reihenfolge eingegeben werden, sie werden jedoch während der Programmerstellung automatisch nach aufsteigenden Anweisungsnummern sortiert: Dadurch kann man nachträglich Anweisungen einfügen. Fehlerhafte Anweisungen kann man ersetzen, indem man die korrekte Anweisung mit der gleichen Anweisungsnummer wie die fehlerhafte Anweisung erneut eingibt. Eine gute Programmierpraxis ist es, den Abstand der Anweisungsnummern in Zehnerschritten vorzunehmen, um später Anweisungen einfügen zu können.

d) Nach dem Startkommando des Benutzers (Schritt 6, rechnerabhängig, i.a. der Befehl RUN) wird das nach aufsteigenden Anweisungsnummern geordnete Programm, beginnend mit der niedrigsten Anweisungsnummer, Schritt für Schritt ausgeführt; es ist jedoch möglich, durch Spranganweisungen (z.B. GO TO) diese Reihenfolge zu verlassen.

e) Gehen wir nun das weitgehend für sich selbst sprechende Programmbeispiel Anweisung für Anweisung durch:

Nach dem soeben Gesagten wird die Ausführung mit der Anweisung

    10   INPUT A,B,C

begonnen. Das Schlüsselwort INPUT ("Eingabe") bedeutet, daß der Benutzer über die Tastatur Zahlenwerte eingeben muß, die danach in dieser Reihenfolge unter den Namen A,B und C - genannt <u>Variable</u> - dem Programm bekannt sind. Die Ausführung der Anweisung 10 beginnt damit, daß auf dem Bildschirm ein Fragezeichen "?" erscheint (Schritt 7). Dadurch wird der Benutzer aufgefordert, nunmehr 3 Zahlenwerte entsprechend den drei Variablen A,B und C einzugeben. Durch das Eintasten der Zahlenwerte in Schritt 8 erhält A den Wert 4.978, B den Wert 5.61 und C den Wert 3.754, und das Programm führt anschließend die Anweisung

    20   LET S=(A+B+C)/2

aus. LET bedeutet "Wertzuweisung", d.h. der rechts vom

Gleichheitszeichen stehende Ausdruck (A+B+C)/2 wird mit
den aus Anweisung 10 bekannten Zahlenwerten berechnet und
das Ergebnis wird einer neuen Variablen S zugewiesen. Für
alle weiteren Anweisungen sind deshalb dem Programm die
Größen A,B,C und S bekannt.

Jetzt wird die Anweisung

    30 LET   F=SQR(S*(S-A)*(S-B)(*S-C))

ausgeführt. Wieder wird wie unter Anweisung 20 der rechts
vom Gleichheitszeichen stehende Ausdruck

    SQR(S*(S-A)*(S-B)*(S-C))

berechnet und der erhaltene Zahlenwert der Variablen F zugewiesen. Das Symbol SQR bedeutet "Wurzel ziehen" (SQuare Root).
Man sieht sofort, daß diese Anweisung die Berechnung der oben
angegebenen Formel beinhaltet, d.h. der Variablen F wird der
Flächeninhalt $\sqrt{s(s-a)(s-b)(s-c)}$ zugewiesen.

Es wird nun die Anweisung

    40 PRINT F

ausgeführt. Sie bewirkt das Ausschreiben (PRINT) des berechneten
Zahlenwertes von F auf dem Bildschirm (Schritt 9). Nachdem
die Ausgabe erfolgt ist, wird die nachfolgende Anweisung

    50 GO TO   10

ausgeführt. Der inzwischen sicherlich schon "in BASIC denkende"
Leser vermutet richtig, daß das Programm durch diesen "unbedingten
Sprung" (GO TO) mit der Anweisung 10 fortgeführt wird. Es wird
erneut die Eingabe von Zahlenwerten für die Variablen A,B und C
angefordert (Schritte 10,11). Nach erfolgter Eingabe durch den
Benutzer sind die alten Zahlenwerte nicht mehr verfügbar, d.h.
es gelten jetzt die Zahlenwerte 5.984 für A, 7.432 für B und
10.34 für C, und der oben erläuterte Ablauf wiederholt sich
mit den neuen Zahlenwerten.

Dies Beispiel zeigt zweierlei:

a) Die formale Übernahme der üblichen mathematischen Schreibweise in die Programmiersprache BASIC, so daß der BASIC-Programmierer eine arithmetische Formel ohne große Mühe in BASIC programmieren kann.

b) Den grundsätzlichen Vorteil eines Programms:
Einmal programmiert, kann dieselbe Anweisungsfolge beliebig oft für verschiedene Zahlenkombinationen durchlaufen werden.

Auf einer bestimmten Rechenanlage (hier: Kleincomputer Siemens 6.610) sieht das obige Beispiel einschließlich der von der Rechenanlage abhängigen Steueranweisungen wie folgt aus:

```
SIEMENS BS 610 VER 1.73   /D
*SBASIC.54
SIEMENS SCIENTIFIC BASIC.54 VER 1.2
17493 Bytes free
OK
```
Eröffnung der Sitzung: Eingaben zur Herstellung der Verbindung zur Rechenanlage und Aufruf von BASIC.

```
10   INPUT   A,B,C
20   LET     S=(A+B+C)/2
30   LET     F=SQR(S*(S-A)*(S-B)*(S-C))
40   PRINT   F
50   GO TO   10
```
BASIC-Programm in dieser Form eingeben.

```
RUN
```
Starten der Ausführung.

```
? 4.978,5.61,3.754
  9.15868
? 5.984,7.432,10.34
  21.8796
```
Eingabe der Zahlenwerte für A, B und C sowie Ausgabe des berechneten Wertes von F (wiederholt).

```
? Unterbrechungstaste drücken
BREAK IN 10
OK
SYSTEM
SIEMENS BS 610 VER 1.73
*
```
Beendigung der Sitzung.

Zur Unterscheidung von Ein- und Ausgabe sind die vom Rechner ausgegebenen Zeilen unterstrichen.

3. Elementare BASIC-Anweisungen

3.1 Arithmetische Wertzuweisung (LET)

Wie wir im einführenden Beispiel gesehen haben, spielt die LET-Anweisung bei der Auswertung von mathematischen Formeln eine fundamentale Rolle. Dort wurde der rechts vom Gleichheitszeichen stehende Ausdruck - der sich aus Variablen und Konstanten zusammensetzte - nach den arithmetischen Grundregeln ausgewertet und der errechnete Wert der links vom Gleichheitszeichen stehenden Variablen zugewiesen. Wir wollen deshalb in diesem Paragraphen die grundlegenden Regeln kennenlernen, nach denen sich der Aufbau einer LET-Anweisung vollzieht. Dazu definieren wir einige im folgenden benötigte Begriffe anhand von Beispielen.

Arithmetische Konstante

In mathematischen Formeln gibt es Konstanten in den verschiedensten Schreibweisen. Konstanten können i.a. genauso in BASIC übernommen werden, wie sie in der Mathematik vorkommen, mit zwei Ausnahmen:

a) das mathematische Dezimalkomma wird in BASIC durch den Dezimalpunkt ersetzt,

b) die abkürzende Zehnerexponentenschreibweise wird in BASIC durch den Buchstaben E mit der nachfolgend stehenden Zehnerpotenz geschrieben; im Gegensatz zur Mathematik muß vor dem Exponenten mindestens eine Ziffer stehen.

Beispiele:

mathem. Konstante	BASIC-Kontante
3	3
8,0	8.0
$4,1 \cdot 10^{-2}$	4.1E-2
$-3 \cdot 10^{5}$	-3E5
10^{3}	1E3
3	0.3E1

Es gibt vereinfachende Schreibweisen:

Führende und nachgestellte Nullen sind ohne Bedeutung;
Plus-Zeichen können entfallen, d.h. folgende BASIC-
Konstanten sind gleichwertig:

3	03	+003	3.E0
8.0	8.	08.000	.8E1
0.5	.5	.500	5.E-1

Arithmetische Konstanten in BASIC haben also einen beim Erstellen eines Programms festgelegten Wert, der sich nicht ändert. Maximale Größe und Genauigkeit einer Konstanten hängen von der Rechenanlage ab, typische Werte sind eine Genauigkeit von ca. 6 signifikanten Dezimalziffern und eine maximale Größe bis ca. $\pm 10^{38}$, wobei Konstanten zwischen 10^{-38} und -10^{-38}, d.h. Konstanten nahe bei Null als 0 dargestellt werden.

Arithmetische Variable

Größen, die zum Zeitpunkt der Programmierung zahlenmäßig noch nicht festgelegt werden, oder die ihren Wert im Verlauf der Ausführung des Programms ändern können, nennt man Variable.

Eine Variable besteht aus einem Buchstaben oder einem Buchstaben, gefolgt von einer Ziffer.

Beispiele: A   B1   Z   Z5

Arithmetische Ausdrücke

Wie wir im einführenden Beispiel bereits gesehen haben, kann die mathematische Schreibweise eines arithmetischen Ausdrucks in die BASIC-Schreibweise als arithmetischer Ausdruck wie folgt übernommen werden:

a) alle mathematischen Konstanten werden durch BASIC-Konstanten ersetzt,

b) alle mathematischen Variablen werden durch BASIC-Variable ersetzt,

c) die fünf Grundrechenarten werden durch die folgenden
   Zeichen dargestellt:

	BASIC-Zeichen
Addition	+
Subtraktion	-
Multiplikation	*
Division	/
Exponentation	** oder ∧ oder ↑

d) Klammern werden in BASIC nur durch runde Klammern dargestellt. Bei Brüchen sind Zähler oder Nenner, die selbst aus Ausdrücken bestehen, jeweils in Klammern zu setzen,

e) das Multiplikationszeichen muß immer geschrieben werden,

f) der einfachste Fall eines arithmetischen Ausdrucks ist eine Konstante oder Variable.

Beispiele:

arithmet. Ausdruck	BASIC-Ausdruck
$z-a$	Z-A
$2r$	2*R
$\frac{a+b}{c-d} \cdot 2$	(A+B)/(C-D)*2
	oder (A+B)*2/(C-D)
	oder 2*(A+B)/(C-D)
a^2	A**2
$\sqrt{a}=a^{1/2}$	A**(1/2)
	oder SQR(A) oder A**0.5
$[(a+b)^2+c]^2$	((A+B)**2+C)**2

Man sieht, daß die Auswertung der arithmetischen Ausdrücke in BASIC nach den gleichen Regeln wie in der Mathematik erfolgt, d.h. die Rechenanlage führt zunächst die Potenzierungen durch, dann die Multiplikationen und Divisionen, anschließend die Additionen und Subtraktionen, es sei denn, daß ein Klammernpaar eine andere Reihenfolge verlangt. Klammern haben also in BASIC die in der Arithmetik übliche Wirkung. Innerhalb gleichrangiger Operationen (besonders wichtig bei Multiplikationen und Divisionen) wird ein Ausdruck von links nach rechts vorgehend ausgewertet.

Arithmetische Wertzuweisung

Im einführenden Beispiel (2.2) haben wir bereits den Sinn
der LET-Anweisung kennengelernt, nämlich die Berechnung
eines arithmetischen Ausdrucks und Zuweisung des Ergebnisses
an eine Variable. Nehmen wir an, daß die folgende aus der
Zinsrechnung bekannte mathematische Formel ausgewertet werden
soll:

$$k = k_o (1 + \frac{p}{100})^n$$

Dabei bedeuten k_o das Anfangskapital, p den Zinssatz in %
und n die Laufzeit in Jahren und k das nach n Jahren aufge-
laufene Kapital.

Die entsprechende Anweisung in BASIC lautet dann:

```
10 LET K=KO*(1+P/100)**N
```

Zur Zeit der Ausführung dieser Anweisung mit der Anweisungsnummer 10 müssen die Werte für die Variablen KO, P und N zahlenmäßig bekannt sein. Der rechts vom Gleichheitszeichen stehende
arithmetische Ausdruck wird mit diesen Zahlenwerten ausgewertet
und das Ergebnis der links vom Gleichheitszeichen stehende
Variablen K zugewiesen. Man erkennt also an diesem Beispiel
die allgemeine Form der arithmetischen Wertzuweisung: Sie besteht
aus der Anweisungsnummer, gefolgt von dem Schlüsselwort LET,
gefolgt von einer arithmetischen Variablen, der über das Gleichheitszeichen der Wert eines arithmetischen Ausdrucks zugewiesen
werden soll.

Die allgemeine Form *) lautet also:

```
z    LET    v=a
```

Darin bedeuten:

  z: Anweisungsnummer
  v: Variable
  a: arithmetischer Ausdruck

---

*) Hier und bei allen folgenden Definitionen von BASIC-Anweisungen
werden Schlüsselwörter in Großbuchstaben geschrieben. Bei Klein-
buchstaben wird im Anschluß an die jeweilige Definition erläutert, was der Benutzer an deren Stelle einzusetzen hat.

Die arithmetische Anweisung hat also Berechnungs- und Zuordnungsfunktionen; sie stellt keine Gleichheit im Sinne der Mathematik dar, wie folgendes Beispiel zeigt:

```
 5 LET X=1
10 LET X=X+1
```

Nach Ausführung der Anweisung 5 hat die Variable X den Wert 1. In der Anweisung 10 wird zunächst der Ausdruck X+1 mit dem augenblicklichen Wert von X (nämlich 1) berechnet, das Ergebnis (nämlich 2) wird der links vom Gleichheitszeichen stehenden Variablen X zugewiesen. Nach Ausführung der Anweisung 10 hat also X den Wert 2. Man sagt auch: Der Wert der Variablen X wird um 1 erhöht.

3.2 Ausgabe arithmetischer Ausdrücke (PRINT)

Wir haben in (3.1) die arithmetische Anweisung kennengelernt, verfügen aber noch nicht über die Möglichkeit, Werte von arithmetischen Variablen bzw. arithmetischen Ausdrücken auszugeben.
Dazu benutzen wir die PRINT-Anweisung, die wir auf das Beispiel der Zinseszinsrechnung wie folgt anwenden:

```
10 LET    K0=1000
20 LET    P=6.5
30 LET    N=5
40 LET    K=K0*(1+P/100)**N
50 PRINT  P,N,K0,K
60 STOP

 6.50000 5 1000 1.37008E+03
```

In den Anweisungen 10 - 40 werden den Variablen K0,P,N und K die entsprechenden Werte zugewiesen, wobei in den Anweisungen 10 - 30 der arithmetische Ausdruck auf der rechten Seite des Gleichheitszeichens jeweils eine arithmetische Konstante ist. Anweisung 50 bewirkt nun die Ausgabe der augenblicklichen Werte der Variablen P,N,K0 und K in dieser Reihenfolge in einer Zeile.

Die hier erstmalig verwendete STOP-Anweisung bewirkt die Beendigung des BASIC-Programms. Sie wird in (3.9) definiert.

Wir können die Anweisungen 10 - 50 ersetzen durch eine einzige PRINT-Anweisung der folgenden Form:

```
10 PRINT 6.5,5,1000,1000*(1+6.5/100)**5
20 STOP
6.50000  5  1000  1.37008E+03
```

Wenn wir nur das Endkapital ausgeben wollen, können wir weiter verkürzen, nämlich:

```
10 PRINT 1000*(1+6.5/100)**5
20 STOP
1.37008E+03
```

Wie man aus diesen Beispielen erkennen kann, hat die PRINT-Anweisung die folgende allgemeine Form:

$$\boxed{z \quad \text{PRINT} \quad a_1, a_2, a_3, \ldots, a_n}$$

Darin bedeuten:

    z: Anweisungsnummer
    a_i: arithmetischer Ausdruck

Dabei kann, wie bereits früher beschrieben, jeder der Ausdrücke die Form einer einfachen Konstanten oder Variablen annehmen.

Ein Spezialfall der PRINT-Anweisung liegt dann vor, wenn kein Ausdruck angegeben wird:

```
10 PRINT
      ⋮
```

In diesem Fall wird eine Leerzeile ausgegeben.

3.3 Programmverzweigung - unbedingter Sprung (GO TO)

Im Beispiel der Zinseszinsrechnung des vorigen Kapitels lag der klassische Fall eines linearen Programms vor, d.h. es wurden die Anweisungen der Reihe nach einmal abgearbeitet; nach Auswertung der letzten Anweisung wurde das Programm beendet.

In der Praxis tritt jedoch häufig der Fall ein, daß eine Folge von Anweisungen mehrmals für verschiedene Werte durchlaufen werden soll.

Beispiele hierfür sind:
Aufstellung von Funktionstafeln, Iterationsverfahren.
Letzteres soll an einem Beispiel erläutert werden.

Zur Berechnung von Quadratwurzeln kann man bekanntlich das Newton-Verfahren verwenden:

Sei r der Radikand, aus dem die Quadratwurzel gezogen werden soll, ($x=\sqrt{r}$) und x_o ein Näherungswert für $\sqrt{r}$, dann berechnet man die (n+1)-te Näherung x_{n+1} aus der n-ten Näherung x_n nach folgender Formel:

$$x_{n+1} = \frac{1}{2}(x_n + \frac{r}{x_n}) \qquad n=0,1,2,\ldots$$

Das entsprechende BASIC-Programm lautet für r=22 und x_o=4:

```
10 LET     R=22
20 LET     X0=4
30 LET     X1=0.5*(X0+R/X0)
40 PRINT   X1,(R-X1**2)
50 LET     X0=X1
60 GO TO   30
```

```
4.75000  -5.62500E-01
4.69079  -3.50952E-03
4.69042   1.53588E-05
4.69042   1.52588E-05
4.69042   1.52588E-05
   ⋮
```

Das Programm startet mit der Zuweisung der vorgesehenen Anfangswerte r und x_o und berechnet in Anweisung 30 die 1. Näherung, die zusammen mit der Differenz ($r-x_1^2$) ausgegeben wird. Da x_1 die $\sqrt{r}$ annähern soll, ist die Differenz $r-x_1^2$ ein Maß für die Güte der Annäherung. In der Anweisung 50 wird der soeben errechnete Wert x_1 als neuer Startwert x_o benutzt. Die Anweisung

```
60  GO TO  30
```

bewirkt, daß die Ausführung des Programms mit der Anweisung 30
fortgesetzt wird, wobei die dort benutzte Variable X0 nicht
mehr den Wert 4, sondern aufgrund der Anweisung 50 den zuvor
errechneten besseren Näherungswert 4,75 besitzt. Der Anfänger
würde aufgrund der Formel vermuten, daß viele Variable X0, X1,
X2, X3,.... im Programm eingeführt werden müßten. Tatsächlich
kommt man jedoch mit zwei Variablen X0 und X1 aus, da in der
Formel zur Berechnung eines neuen Näherungswertes nur der vorherige Näherungswert herangezogen werden muß.
Man erkennt, daß die Anweisung

    60 GO TO 30

stets zur Folge hat, daß mit Anweisung 30 fortgesetzt wird;
in diesem Fall bedeutet dies, daß die Anweisungen 30, 40, 50 und
60 beliebig oft ausgeführt werden. Das Programm kommt nie zu
einem gezielten Abschluß. In jeder Programmiersprache bezeichnet
man das wiederholte Ausführen der gleichen Anweisungen als
"Schleife". In unserem Fall haben wir also eine sogenannte
"unendliche Schleife" programmiert. Das ist natürlich nicht
sinnvoll, soll den Anfänger aber auf solche Fehlerquellen bei
der Programmierung hinweisen. Man nennt die GO TO - Anweisung
einen "unbedingten Sprung", da zwingend vorgeschrieben wird,
zur Anweisung mit der angegebenen Anweisungsnummer zu verzweigen.

Die allgemeine Form lautet:

    $\boxed{z_1 \quad \text{GO TO} \quad z_2}$

Darin bedeutet:

    z_1, z_2: Anweisungsnummern

Nach Ausführung der Anweisung mit der Anweisungsnummer z_1
setzt das Programm den Ablauf mit der Anweisung mit der
Anweisungsnummer z_2 fort.

Am Rande sei zu dem obigen Beispiel (näherungsweise Berechnung
einer Quadratwurzel) bemerkt, daß von einer bestimmten Stelle an
das Näherungsverfahren keine Verbesserung des Ergebnisses mehr
liefert. Dies liegt nicht am mathematischen Verfahren, sondern an
der begrenzten Stellenzahl der Rechenanlage (typischer Wert
etwa 6 signifikante Dezimalstellen).

3.4 Programmverzweigung - bedingter Sprung (IF)

Um die "unendliche Schleife" des vorangegangenen Abschnitts zu vermeiden, bedarf es einer "bedingten Sprunganweisung", mit deren Hilfe man bei Erfülltsein einer angegebenen Bedingung zu einer bestimmten Anweisung verzweigen kann. Dies soll wiederum am gleichen Beispiel erläutert werden: Wir fordern, daß bei Erreichen einer bestimmten Abweichung

$$-\varepsilon \leq r-x_n^2 \leq \varepsilon$$

das Programm beendet wird.

Wir wählen willkürlich $\varepsilon = 2 \cdot 10^{-5}$. Für $r=22$ und $x_0=4$ lautet dann das Programm wie folgt:

```
10   LET    R=22
20   LET    E1=2.E-5
30   LET    X0=4
40   LET    X1=0.5*(X0+R/X0)
50   LET    Z=R-X1**2
60   PRINT  X1,Z
70   LET    X0=X1
80   IF     Z <-E1 THEN 40
90   IF     Z > E1 THEN 40
100  STOP
```

```
4.75000      -5.62500E-01
4.69079      -3.50952E-03
4.69042       1.52588E-05
```

Das Programm läuft bis Anweisung 60 wie früher ab. In Anweisung 70 wird die Abweichung

$$z = r - x_1^2$$

berechnet. Bei der in den Anweisungen 80 und 90 durchgeführten Abfrage auf die erreichte Genauigkeit können nun 3 unterschiedliche Fälle auftreten:

1. $z < -\varepsilon$ (Genauigkeit noch nicht erreicht)
2. $z > +\varepsilon$ (Genauigkeit noch nicht erreicht)
3. $-\varepsilon \leq z \leq +\varepsilon$ (Genauigkeit erreicht)

In Anweisung 80 wird zunächst der 1.Fall geprüft. Falls die
Bedingung erfüllt ist, d.h. falls $z<-\varepsilon$ ist, wird mit Anweisung 40
fortgefahren, da in diesem Fall die gewünschte Genauigkeit noch
nicht erreicht ist. Ist dagegen diese Bedingung noch nicht
erfüllt, so weiß man, daß $z<-\varepsilon$ ist. Das Programm wird deshalb
mit Anweisung 90 fortgesetzt, d.h. es wird geprüft, ob die
2. Bedingung, nämlich $z>\varepsilon$, erfüllt ist. Ist dies der Fall, so
ist die gewünschte Genauigkeit noch nicht erreicht, und es wird
mit Anweisung 40 fortgefahren. Falls auch die 2. Bedingung
nicht erfüllt ist, bleibt nur noch der 3. Fall übrig, d.h. die
Genauigkeit ist erreicht, und das Programm wird mit Anweisung
100 beendet. Der zuletzt ausgedruckte Wert x_1 stellt die gesuchte Wurzel mit der geforderten Genauigkeit dar.

Nach diesem Beispiel, an dem das Wesentliche der IF-Anweisung
deutlich wird, folgt nun eine allgemeine Form der IF-Anweisung:

$$\boxed{z_1 \quad \text{IF} \quad a_1 \oplus a_2 \quad \text{THEN} \quad z_2}$$

Darin bedeuten:

z_1, z_2: Anweisungsnummern

a_1, a_2: beliebige arithemtische Ausdrücke

$\oplus$: Vergleichsoperator für die Ausdrücke a_1 und a_2.
 Folgende Vergleichsoperatoren sind möglich:

Symbol	Bedeutung
=	gleich
{ <>, >< }	ungleich
>	größer
>=	größer gleich
<	kleiner
<=	kleiner gleich

Die Wirkung der IF-Anweisung besteht darin, daß abhängig vom
Ergebnis der Vergleichsoperation $a_1 \oplus a_2$ entweder mit der Anweisung z_2 oder mit der auf z_1 folgenden Anweisung, d.h. mit
der auf die IF-Anweisung folgenden Anweisung, fortgefahren wird.
Im einzelnen wird eine IF-Anweisung wie folgt ausgeführt:

Zunächst werden die Werte der beiden Ausdrücke a_1 und a_2 berechnet. Diese gewonnenen Werte werden durch den angegebenen Vergleichsoperator miteinander verglichen. Das Ergebnis dieses Vergleichs ist entweder "wahr" (dann ist die Bedingung erfüllt) oder "falsch" (dann ist die Bedingung nicht erfüllt). Hat die Vergleichsoperation den Wert "wahr" ergeben, so wird als nächste Anweisung die durch Anweisungsnummer z_2 spezifizierte Anweisung ausgeführt, d.h. es erfolgt eine Programmverzweigung. Hat die Vergleichsoperation den Wert "falsch" ergeben, so wird als nächste Anweisung die der IF-Anweisung folgende ausgeführt. Man spricht bei der IF-Anweisung von einem "bedingten Sprung", da die Programmverzweigung (Sprung) nur bei erfüllter Bedingung erfolgt.

In dem vorangegangenen Beispiel wurde mit Hilfe der Anweisungen 80 und 90 festgestellt, ob der Wert der Variablen Z außerhalb der vorgegebenen Intervallgrenzen liegt. Wenn die in Anweisung 80 formulierte Bedingung Z<-E1 __oder__ die in Anweisung 90 formulierte Bedingung Z>E1 erfüllt (wahr) ist, erfolgt eine Programmverzweigung zu Anweisung 40. Man kann diese beiden Anweisungen mit Hilfe der logischen ODER-Verknüpfung (OR) zu einer Anweisung wie folgt zusammenfassen:

```
         ⋮
80    IF    Z < -E1 OR Z > E1 THEN 40
100   STOP
```

Wir können alternativ die Bedingungen anders formulieren und fragen, ob __sowohl__ die Bedingung $-E1 \leq Z$ __als auch__ die Bedingung $Z \leq E1$ __gleichzeitig__ erfüllt (wahr) sind. Dann sind die Anweisungen 80 und 90 unter Verwendung der logischen UND-Verknüpfung (AND) durch die beiden folgenden Anweisungen zu ersetzen:

```
         ⋮
80    IF    -E1 <= Z AND Z <= E1 THEN 100
90    GO TO 40
100   STOP
```

Man sieht an diesen Beispielen, daß aus der mathematischen Schreibweise vertraute Darstellungen (wie z.B. $-\varepsilon \leq z \leq \varepsilon$, d.h. $-\varepsilon \leq z$ und $z \leq \varepsilon$) durch Verwendung der logischen Verknüpfungen (logischen Operatoren) AND bzw. OR unmittelbar im Programm dargestellt werden können. Dies trägt zur Übersichtlichkeit von Programmen bei.

Neben den logischen Operatoren AND und OR steht zusätzlich auch die
logische Verneinung NICHT (NOT) in BASIC zur Verfügung. Auch können
in der Regel mehrere logische Operatoren in einer IF-Anweisung miteinander verknüpft werden, z.B. kann man die Anweisungen 80 und 90
auch wie folgt formulieren:

$$\vdots$$

```
80  IF    NOT(-E1 <= Z AND Z <= E1) THEN 40
100 STOP
```

Es sei darauf hingewiesen, daß bei Mehrfachverknüpfungen die Reihenfolge der Auswertung zweckmäßigerweise durch Setzen von Klammern
angegeben wird.

Da die logischen Operatoren nicht in allen BASIC-Implementierungen
realisiert sind, wird an dieser Stelle nicht näher darauf eingegangen.

3.5 Dateneingabe über die Tastatur (INPUT)

Bei den bisherigen Beispielen wurden die Anfangswerte für die
zu behandelnden Probleme jeweils zu Programmbeginn durch
LET-Anweisungen festgelegt. Zwar ist es möglich, für verschiedene Anfangswerte jeweils die entsprechenden LET-Anweisungen
zu ändern, dies ist aber relativ umständlich; einfacher ist es,
die Werte von Variablen, die zu verändern sind, über eine Ein-
gabeanweisung dem Programm erst während der Ausführung zur Verfügung zu stellen. Dadurch erreicht man ein hohes Maß an
Flexibilität. Wir betrachten nochmals das Beispiel aus (3.2)
über die Zinseszinsrechnung. Es soll ein Programm geschrieben
werden, das für ein Anfangskapital k_o und für einen Zinssatz p
das nach einer Laufzeit von n Jahren angesammelte Kapital berechnet, wobei k_o, p und n beliebig vorgebbar sein sollen.

In Erweiterung des Beispiels aus (3.2) soll diese Berechnung
für mehrere Parametersätze k_o, p, n hintereinander solange durchgeführt werden, bis bei der Eingabe eine Ende-Bedingung angegeben
wird. Wir wählen als Ende-Bedingung die Eingabe eines Kapitals
$k_o = 0$. In diesem Fall soll das Programm beendet werden.

Das Programm für dieses Beispiel sieht folgendermaßen aus:

```
10 INPUT P,N,K0
20 IF    K0=0 THEN 60
30 LET K=K0*(1+P/100)**N
40 PRINT P,N,K0,K
50 GO TO 10
60 STOP
?6.5,5,1000
 6.5 5 1000   1.37008E+03
?7,10,1000
 7 10 1000    1.96714E+03
?0,0,0
```

Neu an diesem Programm ist die Anweisung 10.
Jedesmal, wenn diese Anweisung ausgeführt wird, erwartet das
Programm die Eingabe von Werten für die drei Variablen P,N
und K0 und kündigt dieses durch ein Fragezeichen (?) auf dem
Bildschirm an. Der Benutzer wird damit aufgefordert, über die
Tastatur die entsprechenden Werte, jeweils durch Kommata voneinander getrennt, einzugeben, in diesem Falle also 6.5,5,1000

Dabei ist darauf zu achten, daß die Anzahl und die Reihenfolge
der in der INPUT-Anweisung aufgeführten Variablen bei der Eingabe
der Werte streng eingehalten werden. Im obigen Beispiel werden
beim erstmaligen Ausführen der INPUT-Anweisung den Variablen folgende Werte zugewiesen:

P=6.5
N=5
K0=1000

und entsprechend bei dem zweiten Programmdurchlauf

P=7
N=10
K0=1000

In diesen beiden Fällen ist KO≠0, das heißt bei der Ausführung der Anweisung 20 ist die Bedingung KO=0 nicht erfüllt (die Vergleichsoperation ergibt den Wert "falsch"), so daß der Programmablauf <u>nicht</u> zur Anweisung 60 verzweigt, sondern mit der nächsten Anweisung 30 fortfährt. Im dritten Fall der Eingabe ist KO=0 (sowie P=0 und N=0). Damit ist in der Anweisung 20 die Bedingung KO=0 erfüllt (die Vergleichsoperation ergibt den Wert "wahr"). Das Programm verzweigt zur Anweisung 60, der STOP-Anweisung: Das Programm wird beendet.

Die allgemeine Form der INPUT-Anweisung lautet:

$$\boxed{z \quad \text{INPUT} \quad v_1, v_2, v_3, \ldots, v_n}$$

Darin bedeuten:

z: Anweisungsnummer

$v_1, v_2, \ldots, v_n$: Variable (sie bilden die Eingabeliste)

Die Variablen in der Liste einer INPUT-Anweisung müssen durch Kommata voneinander getrennt werden. Man bezeichnet die Gesamtheit der in einer INPUT-Anweisung aufgeführten Variablen als Eingabeliste. In einem Programm können mehrere INPUT-Anweisungen auftreten.

Die Eingabe-Listen der verschiedenen INPUT-Anweisungen können unterschiedlich lang sein, auch kann eine Variable in verschiedenen INPUT-Anweisungen vorkommen.

Im Programmablauf muß die INPUT-Anweisung vor dem ersten Gebrauch einer der in der INPUT-Anweisung aufgeführten Variablen stehen.

Die Ausführung einer INPUT-Anweisung bewirkt, daß der Benutzer an der Rechenanlage aufgefordert wird (z.B. dadurch, daß ein Fragezeichen ausgegeben wird), Zahlenwerte einzugeben, und zwar genau so viele, wie Variable in der Eingabeliste der INPUT-Anweisung stehen. Die Zahlenwerte sind voneinander durch Kommata zu trennen.

3.6 Funktionen

Im Abschnitt (2.2) wurde im einführenden Beispiel für die Flächenberechnung eines Dreiecks die Wurzel aus einem Ausdruck benötigt, und zwar mußte der Ausdruck $f=\sqrt{s(s-a)(s-b)(s-c)}$ ausgewertet werden. Die entsprechende BASIC-Anweisung lautete:

    30 LET F=SQR(S*(S-A)*(S-B)*(S-C))

Bei der Ausführung dieser Anweisung wurde zunächst der in der Klammer stehende Ausdruck S*(S-A)*(S-B)*(S-C) berechnet und danach aufgrund des Schlüsselwortes SQR aus dem Zwischenergebnis die Quadratwurzel gezogen. Das Ergebnis dieser Operation wurde der Variablen F zugewiesen.

Im Verlauf mathematischer Berechnungen treten neben der Wurzelfunktion häufig weitere Funktionen, sogenannte Standardfunktionen (z.B. Cosinus, Sinus, Tangens usw.) auf. Es wäre unökonomisch, wenn jeder BASIC-Benutzer solche Standardfunktionen in jedem Programm neu programmieren müßte (was im Prinzip auf das sture Niederschreiben von einer Reihe von vorgegebenen Anweisungen hinausliefe).
Vielmehr sind die Funktionen ein für allemal programmiert und in BASIC unter einem Schlüsselwort bekannt, (z.B. dem Schlüsselwort SQR für die Quadratwurzel). Der Benutzer braucht daher nur das Schlüsselwort für die gewünschte Funktion und dahinter in Klammern das Argument anzugeben. Die benötigte mathematische Funktion wird für das angegebene Argument ausgewertet und der berechnete Funktionswert bereitgestellt.

Es werden dem Benutzer in der Regel eine Reihe von Funktionen zur Verfügung gestellt; die in der folgenden Liste aufgeführten Funktionen kann man als diejenigen mathematischen Standard-Funktionen bezeichnen, auf die man in praktisch jeder BASIC-Realisierung zurückgreifen kann.

BASIC-Funktion	mathematische Bedeutung
SIN(x)	Sinusfunktion sin(x) ⎫
COS(x)	Cosinusfunktion cos(x) ⎬ x im Bogenmaß
TAN(x)	Tangensfunktion tan(x) ⎭
ATN(x)	Arcustangensfunktion arctan(x) im Bogenmaß
EXP(x)	Exponentialfunktion e^x
LOG(x)	Logarithmusfunktion ln(x) zur Basis e
ABS(x)	Funktion für den Absolutbetrag $|x|$
SQR(x)	Quadratwurzelfunktion $\sqrt{x}$
SGN(x)	Vorzeichenfunktion $\begin{cases} +1 & \text{für } x>0 \\ 0 & \text{für } x=0 \\ -1 & \text{für } x<0 \end{cases}$
INT(x)	Funktion für den ganzzahligen Anteil von x, geschrieben [x], d.h. größte ganze Zahl, die kleiner oder gleich x ist. Beispiele: INT(2.8) liefert den Wert 2 INT(-2.8) liefert den Wert -3
RND(x)	Funktion zur Erzeugung von Zufallszahlen; es werden gleichverteilte Zufallszahlen im Intervall (0,1) erzeugt. Bei der erstmaligen Benutzung muß das Argument x eine beliebige Zahl ≠0 aus dem Intervall (0,1) sein, bei jeder weiteren Benutzung muß der Wert des Arguments 0 sein.

Betrachten wir für die Benutzung der Sinusfunktion das folgende Beispiel:
Es soll die Sinusfunktion im Intervall [0°,90°] mit der Schrittweite 10° tabelliert werden. Das Argument x soll jeweils im Gradmaß ausgedruckt werden, dagegen muß es in der Sinusfunktion im Bogenmaß angegeben werden, der Umrechnungsfaktor wird <u>einmal</u> in Anweisung 10 berechnet.

Das entsprechende BASIC-Programm lautet:

```
10 LET B=3.14159/180
20 LET X=0
30 LET Y=SIN(X*B)
40 PRINT X,Y
50 LET X=X+10
60 IF X<=90 THEN 30
70 STOP
```

```
 0   0
10  1.73648E-01
20  3.42020E-01
30  4.99999E-01
40  6.42787E-01
50  7.66044E-01
60  8.66025E-01
70  9.39692E-01
80  9.84807E-01
90  1
```

Die allgemeine Form des Aufrufs einer BASIC-Funktion lautet:

$$\boxed{f(x)}$$

Darin bedeuten:
  f: Schlüsselwort der vorgesehenen Funktion
  x: Argument

Dabei ist das Schlüsselwort der vorangehenden Tabelle zu entnehmen, das Argument kann eine Konstante, Variable oder allgemein ein beliebiger arithmetischer Ausdruck sein. Man bezeichnet das Schlüsselwort als Funktionsnamen. Standardmäßig bestehen Funktionsnamen aus 3 Zeichen, von denen mindestens das erste ein Buchstabe ist. Ein Funktionsaufruf darf an jeder Stelle des Programms eingesetzt werden, an der ein arithmetischer Ausdruck stehen darf.

Da das Argument einer Funktion ein arithmetischer Ausdruck sein kann, folgt aus dem soeben Gesagten, daß als Argument einer Funktion eine Funktion auftreten darf.

Nachfolgend werden einige Beispiele angegeben:

mathematische Formel	BASIC-Anweisung
$y=\sin(\sqrt{x})$	LET Y=SIN(SQR(X))
$y=e^{-at+b}\sin(wt)$	LET Y=EXP(-A*T+B)*SIN(W*T)
$y=\sqrt{\|x+1\|+a}$	LEY Y=SQR(ABS(X+1)+A)

An einem kompletten Programm soll nochmals die Verwendung von Funktionen geübt werden.
Gesucht ist die Nullstelle der Funktion $f(x)=x-\cos x$ mit Hilfe des Newtonverfahrens. Danach gilt (unter gewissen Voraussetzungen, die hier erfüllt sind), daß für einen gegebenen Näherungswert x_o ein verbesserter Wert x_1 aus der Formel

$$x_1 = x_o - \frac{f(x_o)}{f'(x_o)}$$

gewonnen werden kann. In unserem Beispiel ist $f(x_o)=x_o-\cos x_o$ und $f'(x_o)=1+\sin x_o$. Indem man anschließend den verbesserten Wert x_1 an Stelle von x_o benutzt, kommt man zu einem neuen, nochmals verbesserten Wert x_1 (Newtonsches Iterationsverfahren). Wir rechnen iterativ so lange, bis $|f(x_o)|<\varepsilon$ ist, wobei x_o und ε eingelesen werden sollen. Das BASIC-Programm lautet:

```
10    INPUT  X0,E1
20    LET    N=0
30    LET    F0=X0-COS(X0)
40    IF     ABS(F0)<E1 THEN 100
50    LET    F1=1+SIN(X0)
60    LET    X1=X0-F0/F1
70    LET    X0=X1
80    LET    N=N+1
90    GO TO  30
100   PRINT  X0,F0,N
110   STOP
```

?1.,1.E-5
 7.39085E-01 -5.96046E-08 3

In diesem Beispiel wird zusätzlich über die Variable N die Anzahl der durchgeführten Iterationsschritte ausgegeben. Der Benutzer möge das Beispiel programmieren und für verschiedene Startwerte x_o und Genauigkeiten ε durchführen.

3.7 Weitere Möglichkeiten mit der PRINT-Anweisung (PRINT, PRINT USING, PRINT TAB)

Bisher haben wir mit der PRINT-Anweisung ausschließlich die Werte von Variablen und arithmetischen Ausdrücken ausgegeben. Um die Ausgabe übersichtlicher zu gestalten, ist es notwendig, auch Texte ausgeben zu können. Dies kann in einfacher Weise über die PRINT-Anweisung geschehen, wie das folgende Beispiel zeigt: Es soll eine Tabelle der Quadratwurzeln der natürlichen Zahlen $n_1, n_1+1, n_1+2, \ldots, n_2$ erstellt werden, wobei Anfangswert n_1 und Endwert n_2 eingegeben werden.

```
10   INPUT N1,N2
20   PRINT 'QUADRATWURZELN'
30   PRINT
40   PRINT 'N','WURZEL(N)'
50   LET   N=N1
60   PRINT N,SQR(N)
70   LET   N=N+1
80   IF    N <= N2 THEN 60
90   STOP
```

?0,8
QUADRATWURZELN

N WURZEL(N)
0 0
1 1
2 1.41421
3 1.73205
4 2
5 2.23607
6 2.44949
7 2.64575
8 2.82843

Das Beispiel zeigt, daß die erweiterte PRINT-Anweisung den folgenden Aufbau hat:

$$\boxed{z \text{ PRINT } a_1, a_2, \ldots, a_n}$$

Darin bedeuten:

- z: Anweisungsnummer
- a_i: Element der Ausgabeliste, alternativ:
  1. Konstante   oder
  2. Variable   oder
  3. arithmetischer Ausdruck   oder
  4. in Apostrophe (') oder Anführungszeichen (") (abhängig von der jeweiligen BASIC-Realisierung) eingeschlossener Text, d.h. eine sogenannte alphanumerische Konstante (Zeichenkonstante, Textkonstante). Eine alphanumerische Konstante kann neben dem Leerzeichen beliebige alphanumerische Zeichen aus dem folgenden Zeichenvorrat enthalten:

    ```
    A B C ... Z                                    (Buchstaben)
    0 1 2 ... 9                                    (Ziffern)
    + - * / ( ) ß = : ' , . " ∧ < > ! ; # ? % & §  (Sonderzeichen)
    ```

Um jedoch ein Apostroph einfügen zu können, muß dieses einzufügende Apostroph verdoppelt werden (andernfalls würde das einfach geschriebene Apostroph als das Ende des Textes interpretiert); dieses doppelt geschriebene Apostroph innerhalb des Textes wird als <u>ein</u> Apostroph gezählt. Entsprechendes gilt für die Darstellung einer Zeichenkonstanten in Anführungszeichen.

Beispiel:

```
10   PRINT  'WIE GEHT''S'
```

Mit Hilfe der PRINT-Anweisung ohne Ausgabeliste (leere Ausgabeliste) kann eine Leerzeile erzeugt werden. Beispiel:

```
150  PRINT
```

In der oben angegebenen Form der PRINT-Anweisung sind die auszugebenden Größen durch Komma voneinander getrennt. Dies bewirkt, daß eine festgelegte Einteilung der Zeile in Druckzonen (diese Einteilung ist von der benutzten Rechenanlage abhängig) wirksam wird: Jeder auszugebende Wert wird in der nächsten Zone linksbündig ausgegeben. Geht die Ausgabe einer PRINT-Anweisung nicht in eine Zeile, wird automatisch eine neue Zeile begonnen. Ebenfalls erfolgt zu Ende der PRINT-Anweisung ein automatischer Zeilenvorschub auf den Beginn der nächsten Zeile.

Die Vorschübe auf den Beginn der nächsten Zone bzw. nach Abschluß der PRINT-Anweisung auf die nächste Zeile können mit Hilfe von Semikolons unterdrückt werden:

Wird an Stelle eines Kommas ein Semikolon zur Trennung zweier Argumente in der Ausgabeliste der PRINT-Anweisung verwendet, so werden die entsprechenden Ausgabewerte in der Ausgabezeile nur durch i.a. 2 Leerzeichen voneinander getrennt.

Der automatische Zeilenvorschub nach Beendigung der Ausführung einer PRINT-Anweisung kann verhindert werden, indem hinter das letzte Argument der Ausgabeliste ein Semikolon gesetzt wird. Dadurch erreicht man, daß die Ausgabe von zwei (oder mehreren) PRINT-Anweisungen in eine Ausgabezeile erfolgt, oder daß eine Ausgabe durch PRINT und die nachfolgende Eingabe durch INPUT in der gleichen Zeile erscheinen.

Beispiel:

```
10    LET     A=10.5
20    PRINT   'A=';A;
30    PRINT   'WURZEL(A)=';SQR(A)
40    STOP
```

A= 10.50000 WURZEL(A)= 3.24037

Mit den bisherigen Mitteln ist eine Steuerung des Ausgabeformats nur in sehr beschränktem Umfang möglich. Insbesondere kann nicht erreicht werden, daß bei mehrmaligem Aufruf von PRINT-Anweisungen die ausgegebenen Ziffern spaltengerecht untereinander stehen, da je nach der Größe des auszugebenden Zahlenwertes automatisch eine Darstellung mit oder ohne Dezimalpunkt oder beispielsweise auch eine Darstellung mit Exponent gewählt wird.

Um eine spaltengerechte Darstellung zu erreichen, muß ein Ausgabeformat mit Hilfe einer Format-Maske (PRINT USING) beschrieben werden. Dies soll zunächst an Hand von zwei Beispielen erläutert werden. Mit Hilfe des ersten Beispiels soll wieder eine Quadratwurzeltabelle mit 3 Dezimalen der Zahlen 1 bis 10 erstellt werden:

```
10 PRINT 'N  WURZEL(N)'
20 LET    N=0
30 LET    N=N+1
40 PRINT USING 70,N,SQR(N)
50 IF     N < 10 THEN 30
60 STOP
70 :## #.###
```

```
 N WURZEL(N)
 1 1.000
 2 1.414
 3 1.732
 :   :
 8 2.828
 9 3.000
10 3.162
```

Dabei wird in der Anweisung 40 durch das Schlüsselwort USING und die darauf folgende Angabe der Anweisungsnummer 70 verlangt, die Ausgabe der Ausgabeliste entsprechend dem in Anweisung 70 angegebenen Format vorzunehmen. Die Formatanweisung wird durch einen Doppelpunkt eingeleitet, anschließend wird die Druckzeile Zeichen für Zeichen beschrieben. Den beiden auszugebenden Variablen N und Wurzel aus N entsprechen die beiden durch ## und #.### angegebenen Bereiche, die hier durch ein Leerzeichen voneinander getrennt sind. Dem 1. Bereich entsprechend wird N mit 2 Stellen in den ersten beiden Druckpositionen (rechtsbündig) ausgegeben, nach dem verlangten Leerzeichen in der 3. Druckposition wird in den Druckpositionen 4 bis 8 der Wert von Wurzel aus N ausgegeben, und zwar wie verlangt mit 1 Dezimale vor und 3 Dezimalen hinter dem Dezimalpunkt.

Im zweiten Beispiel soll gezeigt werden, wie Textkonstanten über verschiedene Möglichkeiten ausgegeben werden können:

```
10 LET    I=5
20 LET    W=7.149
30 PRINT USING 50,I,'FUER C5',W
40 STOP
50 :##-TER WERT ####### = ##.##
```

```
 5-TER WERT FUER C5 =  7.15
```

Textkonstante können also dadurch ausgegeben werden, daß die entsprechenden Zeichen einfach in der Formatmaske (Anweisung 50) an den gewünschten Positionen angegeben werden.

Eine weitere Möglichkeit besteht darin, Textkonstanten in der PRINT USING-Anweisung wie bei der PRINT-Anweisung aufzuführen und in der zugehörigen Formatmaske entsprechende Bereiche durch Angabe von hinreichend vielen # an den gewünschten Positionen in der Ausgabezeile zu definieren (hier ####### für die Textkonstante 'FUER C5').

Nunmehr kann der Aufbau der PRINT USING-Anweisung und der zugehörigen Formatmaske definiert werden (wobei festgehalten werden muß, daß es gegenüber der im folgenden dargestellten Form in nahezu allen BASIC-Realisierungen anlagenspezifische Erweiterungen gibt):

```
z₁ PRINT USING z₂,a₁,a₂,a₃,...,aₙ
z₂ :t₁e₁t₂e₂t₃e₃...tₙeₙtₙ₊₁
```

Darin bedeuten:

z_1, z_2: Anweisungsnummern

a_i: Element der Ausgabeliste, alternativ: Konstante, Variable, arithmetischer Ausdruck, alphanumerische Konstante (kein Unterschied zur Ausgabeliste der PRINT-Anweisung)

e_i: Element der Formatmaske zur formatierten Ausgabe von a_i, alternativ:
1. Folge von einem oder mehreren #-Zeichen zur Beschreibung der Druckzone, wobei die Länge der Druckzone genau der Anzahl der #-Zeichen entspricht. Ist das entsprechende Element a_i numerisch, so wird der ganzzahlige Wert von a_i rechtsbündig in der Druckzone ausgegeben. Ist dagegen a_i alphanumerisch, so wird der entsprechende Text linksbündig in der Druckzone ausgegeben.
2. Folge von einem oder mehreren #-Zeichen, in der an beliebiger Stelle ein Punkt als Dezimalpunkt stehen kann zur Beschreibung der Druckzone für die Darstellung einer Zahl mit explizitem Dezimalpunkt. Der Dezimalpunkt erscheint in der Ausgabezeile genau

dort, wo er in der Formatmaske steht; die Zahl selbst wird ggf. entsprechend gerundet.

3. Folge von einem oder mehreren #-Zeichen, in der an beliebiger Stelle ein Punkt als Dezimalpunkt steht, auf das letzte #-Zeichen folgen unmittelbar 4 Ausrufungszeichen (!) zur Darstellung einer Dezimalzahl mit Exponent. Die auszugebende Zahl wird so umgeformt, daß sie der angegebenen Stellung des Dezimalpunkts in der Mantisse entspricht. Der Exponent wird entsprechend errechnet und an den Positionen der !-Zeichen in der folgenden Form eingefügt:

   E Vorzeichen zweistelliger Exponent

Anmerkung: Bei der Ausgabe von negativen Zahlen muß bei der Bemessung der #-Zeichen die Stelle für das Vorzeichen berücksichtigt werden.

t_i: beliebige Zeichenfolge mit Ausnahme des #-Zeichens, des Punktes und i.a. weiterer, anlagenspezifischer Zeichen. t_1 und t_{n+1} (erste und letzte Zeichenfolge) können entfallen, dagegen müssen die Zeichenfolgen t_2 bis t_n zur Trennung der durch #-Zeichen definierten Elemente der Formatmaske aus mindestens einem Zeichen bestehen (im einfachsten Fall Leerzeichen). Alle Zeichen dieser Zeichenfolge werden an den entsprechenden Positionen unverändert ausgegeben.

Über die in der PRINT-Anweisung enthaltene Zeilennummer z_2 wird auf die Formatmaske verwiesen, die an beliebiger Stelle im Programm stehen kann (z.B. wie hier angegeben am Programmende hinter der STOP-Anweisung). Durch die Formatmaske wird die Struktur der Ausgabezeile Zeichen für Zeichen definiert.

Ein weiteres Beispiel soll die Ausgabe des gleichen Zahlenwertes durch verschiedene Formatelemente demonstrieren:

```
10 LET   A=1234.567
20 PRINT USING 40,A,A,A,A,A
30 STOP
40 :#### ####.# ####.### ###.#!!!! ##.#!!!!

1234 1234.6 1234.567 123.4E+01 12.3E+02
```

Eine weitere Möglichkeit, die Ausgabe in bestimmte Positionen
zu steuern, besteht über die TAB-Funktion, die nur innerhalb
einer PRINT-Anweisung vorkommen kann und die eine beliebige
Positionierung der nächsten Schreibstelle innerhalb einer Zeile
ermöglicht.

Beispiel:

```
10 LET    V=3.45
20 PRINT TAB(12);V;TAB(19);'GRAD'
30 STOP
```

           3.45   GRAD

Der auszugebende Zahlenwert 3.45 wird beginnend bei Position 12
und die Zeichenfolge GRAD beginnend bei Position 19 geschrieben.

Die allgemeine Form des Aufrufs der TAB-Funktion lautet:

```
TAB(a)
```

Das Argument a kann eine Konstante, Variable oder ein Ausdruck
sein, der ganzzahlige Wert des Arguments bestimmt die Position,
von der ab der lt. Ausgabeliste der PRINT-Anweisung nächste auszugebende Wert geschrieben wird. Eine PRINT-Anweisung kann mehrere TAB-Aufrufe enthalten. Es ist i.a. darauf zu achten, daß
ein Rücksprung innerhalb der gleichen Zeile in eine bereits
überschrittene Schreibposition vermieden wird. Wird eine TAB-
Spezifikation benutzt, so ist in der PRINT-Anweisung das Semikolon als Trennzeichen zu benutzen.

Mit einem weiteren Beispiel soll eine Sinuskurve von $0°$ bis
$360°$ in Schritten von $10°$ mit dem Symbol * geschrieben
werden:

```
10 FOR X = 0 TO 360 STEP 10
20 PRINT TAB(SIN(X*0.01745)*20+25);'*'
30 NEXT X
40 STOP
```

Der Faktor 20 bestimmt die Amplitude, die Addition von 25 vermeidet, daß das Argument von TAB negativ wird.

3.8 Programmschleifen (FOR-NEXT)

Im vorangehenden Beispiel (Tabelle der Quadratwurzeln) wurden nacheinander die Wurzeln aus den Radikanden berechnet. Dazu wurden die BASIC-Anweisungen mit den Anweisungsnummern 70 bis 90 mehrmals durchlaufen, jedoch jedesmal für ein neues Argument n. Man nennt das mehrmalige Durchlaufen der gleichen Anweisungsfolge eine Programmschleife. Natürlich muß man dafür sorgen, daß die Schleife nicht unendlich oft durchlaufen wird, sondern durch ein Abbruchkriterium beendet wird. Der prinzipielle Ablauf bei einem solchen Problem sieht also folgendermaßen aus:

```
10  LET N=N1           -Setzen der "Laufvariablen" N auf den
                        "Anfangswert" N1
20  ...                -Schleifenanfang
 :                      :
100 LET N=N+N3         -Erhöhung der "Laufvariablen" N um das
                        "Inkrement" N3
110 IF N<=N2 THEN 20   -Abfrage, ob die "Laufvariable" N den
120 ...                 "Endwert" N2 noch nicht überschritten
 :                      hat, d.h. ob die Schleife nochmals
                        durchlaufen werden muß.
```

Natürlich sind die Anweisungsnummern und die Schleifenparameter N,N1,N2,N3 problemabhängig und beliebig wählbar.

Man sieht, daß in diesem Beispiel (aber auch allgemein) im wesentlichen 4 BASIC-Größen an der Schleifenbildung beteiligt sind; nämlich:

N1	Anfangswert für die Laufvariable der Schleife
N2	Endwert für die Laufvariable der Schleife
N3	Inkrement für die Laufvariable der Schleife
N	Laufvariable der Schleife

Der Aufbau einer Schleife mit den obengenannten Anweisungen ist relativ umständlich und bei umfangreichen Programmen nicht leicht zu überschauen. An Stelle der gegebenen Anweisungsfolge können in BASIC die FOR-NEXT-Anweisungen benutzt werden:

```
10  FOR N=N1 TO N2 STEP N3
20  .
    .
    .
100 NEXT N
```

Die Wirkung ist die gleiche wie oben:

In der Anweisung 10 wird die Variable N als Laufvariable definiert und bei der erstmaligen Ausführung auf den Anfangswert N1 gesetzt. Sodann werden die Anweisungen mit den Zeilennummern zwischen 10 und 100 abgearbeitet. Die Anweisung

    100 NEXT N

bewirkt, daß für die Laufvariable N der nächste (NEXT) Wert genommen wird, der sich aus dem aktuellen Wert für N durch Addition des Inkrements (STEP) N3 ergibt. Falls der so ermittelte neue Wert von N noch kleiner oder gleich dem Endwert N2 ist, wird das Programm mit der nächsten auf die Anweisung 10 folgenden Anweisung (hier also mit der Anweisung 20) fortgesetzt. Dieser Vorgang wird solange wiederholt, bis der Wert von N größer als der Endwert N2 ist. In diesem Falle wird das Programm mit der auf Anweisung 100 folgenden Anweisung fortgesetzt.

Betrachten wir ein vollständiges Beispiel:

Es soll der Flächeninhalt f eines Kreises nach der Rechteckregel angenähert werden, und zwar über die Unter- sowie Obersumme. Daraus wird eine Abschätzung für π ermittelt. Aus Symmetriegründen wird nur ein Viertelkreis betrachtet.

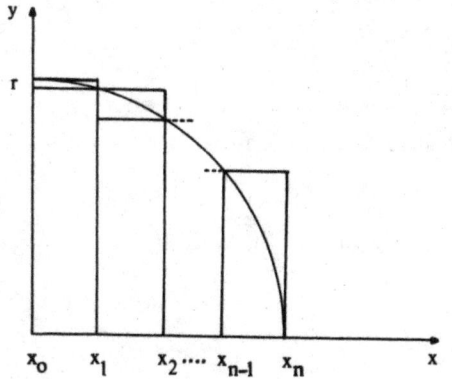

Kreisfunktion: $y=\sqrt{r^2-x^2}$
Anzahl der Intervalle: n
Intervallänge: $\Delta x = \frac{r}{n}$
$x_i = i\Delta x$ $i=0,1,2,\ldots,n$

Für die Untersumme f_u ergibt sich für den vollen Kreis die Fläche zu:

$$f_u = 4\sum_{i=1}^{n} \Delta x y_i = 4\Delta x \sum_{i=1}^{n} y_i \qquad \text{mit} \quad y_i = \sqrt{r^2 - x_i^2} = r\sqrt{1 - \frac{i^2}{n^2}}$$

oder

$$f_u = \frac{4r^2}{n}\sum_{i=1}^{n}\sqrt{1 - \frac{i^2}{n^2}}$$

Entsprechend erhalten wir für die Obersumme f_o:

$$f_o = 4\sum_{i=0}^{n-1} \Delta x y_i = 4\Delta x \sum_{i=0}^{n-1} y_i$$

oder

$$f_o = \frac{4r^2}{n}\sum_{i=0}^{n-1}\sqrt{1 - \frac{i^2}{n^2}}$$

Wegen $y_n = 0$ und $y_o = r$ ergibt sich weiter:

$$f_u = \frac{4r^2}{n}s \quad \text{und} \quad f_o = \frac{4r^2}{n}(1+s) \qquad \text{mit} \quad s = \sum_{i=1}^{n-1}\sqrt{1 - \frac{i^2}{n^2}}$$

Nach Division durch r^2 erhält man also die Abschätzung

$$\frac{f_u}{r^2} = \frac{4s}{n} < \frac{f}{r^2} < \frac{4(1+s)}{n} = \frac{f_o}{r^2}$$

Die meisten Leser wissen bereits, daß die Größe $\frac{f}{r^2}$ eine von r unabhängige Konstante ist, nämlich $\pi = 3,141\ldots$.
Das Ziel eines Programmes wird also sein, eine Abschätzung für π nach oben und unten numerisch nachzuvollziehen.

Dazu wird für das Programm eine Steuergröße l vorgegeben, mit deren Hilfe die Anzahl n_j der Unterteilungen nach dem Schema

$$n_j = 2^j \quad \text{mit} \quad j = 1, 2, \ldots, l$$

jeweils durch Verdoppelung berechnet wird.

Für ein gegebenes l sollen für j=1,2,...,l jeweils die Größen

$$n_j, \quad f_1 = \frac{f_u}{r^2}, \quad f_2 = \frac{f_o}{r^2}, \quad f_2 - f_1 = \frac{f_o - f_u}{r^2}$$

ausgegeben werden. Das Programm lautet:

```
10  INPUT L
20  IF    L=0 THEN 160
30  FOR   J=1 TO L STEP 1
40  LET   N=2**J
50  LET   D=4/N
60  LET   N1=N**2
70  LET   S=0
80  FOR   I=1 TO N-1 STEP 1
90  LET   S=S+SQR(1-I**2/N1)
100 NEXT  I
110 LET   F1=D*S
120 LET   F2=D*(1+S)
130 PRINT N,F1,F2,F2-F1
140 NEXT  J
150 GO TO 10
160 STOP

? 13

     2  1.73205  3.73205  2
     4  2.49571  3.49571  1
     8  2.83982  3.33982  5.00000E-01
    16  2.99825  3.24825  2.50000E-01
    32  3.07259  3.19759  1.25000E-01
    64  3.10802  3.17052  6.25000E-02
   128  3.12513  3.15638  3.12500E-02
   256  3.13346  3.14909  1.56250E-02
   512  3.13734  3.14515  7.81250E-03
  1024  3.13923  3.14314  3.90625E-03
  2048  3.14018  3.14214  1.95312E-03
  4096  3.14065  3.14162  9.76562E-04
  8192  3.13740  3.13789  4.88281E-04
```

Einige Bemerkungen zum Programm:
Das Programm wird beendet, wenn als Steuergröße l=0 eingegeben wird (Abbruchkriterium, Anweisung 20).

In den Anweisungen 40-60 werden einmalig die mehrfach benutzten
Hilfsgrößen $n=2^j$, $n_1=n^2$ und $d=\frac{4}{n}$ berechnet. Die Anzahl der Intervalle ist $n=2^j$. Die Berechnung der Summe s erfolgt in einer
Schleife (Anweisungen 80-100). Dabei ist es erforderlich, zunächst
eine Variable S mit "0" vor Eintritt in die Schleife vorzubesetzen (Anweisung 70). Auf diese Weise läuft durch (n-1)-malige
Ausführung der Anweisung 90 nach und nach die Gesamtsumme auf.
In den Anweisungen 110 und 120 werden die Ober- und Untersummen
berechnet und ausgegeben. Auf Grund der äußeren Schleife (Anweisungen 30-140) wird dieser Vorgang 1-mal durchgeführt. Dieses
Beispiel zeigt folgendes:

a) Man kann Schleifen ineinander schachteln, nämlich die
  äußere Schleife (Anweisungen 30-140) umschließt die innere
  Schleife (Anweisungen 80-100).

b) Variable, deren Werte sich innerhalb der Schleife nicht
  ändern, werden zur Verminderung der Rechenzeit nur einmal vor Eintritt in die jeweilige Schleife berechnet.
  Beispiel: Die Größen $n=2^j$, $d=\frac{4}{n}$ und $n_1=n^2$ ändern sich
  in der äußeren, jedoch nicht in der inneren Schleife,
  werden also vor Eintritt in die innere Schleife einmal
  berechnet.

c) Die Größen $\frac{4s}{n}$ und $\frac{4(s+1)}{n}$ konvergieren bekanntlich gegen
  den gemeinsamen Grenzwert π, numerisch ergibt sich
  jedoch, daß für n=4096 auf der benutzten Rechenanlage
  die maximal mögliche Genauigkeit für π erreicht ist.
  Eine größere Anzahl von Unterteilungen führt zu keinem
  besseren Ergebnis. Der Grund ist in der begrenzten
  Stellenzahl einer Rechenanlage zu suchen (Rundungsfehler).

Nach diesen Vorbemerkungen erfolgt nun die formale Definition
der FOR-NEXT-Schleife:

```
z₁    FOR v=a₁ TO a₂ STEP a₃
  ⋮
z₂    NEXT v
```

Darin bedeuten:

z_1, z_2: Anweisungsnummern

v: Variable; Laufvariable der Schleife

a_1: arithmetischer Ausdruck; Anfangswert der Schleife

a_2: arithmetischer Ausdruck; Endwert der Schleife

a_3: arithmetischer Ausdruck; Inkrement der Schleife

Die Schleife beginnt bei der Anweisung mit der Anweisungsnummer z_1 und endet bei der Anweisung mit der Anweisungsnummer z_2. Dazwischen können beliebig viele Anweisungen liegen. Die Laufvariable v nach den Schlüsselwörtern FOR und NEXT muß identisch sein. Sie stellt den Zusammenhang zwischen Schleifenbeginn und Schleifenende her. Die Ausdrücke a_1, a_2, a_3 sind in dieser Reihenfolge Anfangswert, Endwert und Inkrement (Schrittweite) für die Laufvariable. Das Schlüsselwort STEP sowie der Ausdruck a_3 können entfallen; in diesem Fall wird automatisch $a_3=1$, also ein Inkrement von 1 eingesetzt. Wir gehen davon aus, daß die Ausdrücke a_1, a_2, a_3 keine Größen enthalten, die innerhalb der betrachteten Schleife verändert werden. (Andernfalls ist die Wirkungsweise abhängig von der benutzten Rechenanlage!) In diesem Fall ist die Wirkungsweise der Schleife wie folgt festgelegt:

1. Bei erstmaliger Ausführung der Anweisung mit der Anweisungsnummer z_1 werden die Ausdrücke a_1, a_2, a_3 berechnet und der Wert des Ausdrucks a_1 der Laufvariablen v zugewiesen.

2. Danach werden die Anweisungen zwischen den Anweisungsnummern z_1 und z_2 ausgeführt.

3. Die Anweisung NEXT v bewirkt, daß zu v der Wert des Ausdrucks a_3 addiert wird und danach geprüft wird, ob dieser so errechnete Wert im Intervall $[a_1, a_2]$ liegt. Ist dies der Fall, so wird mit dem neuen Wert von v die Schleife - beginnend mit der auf Anweisungsnummer z_1 folgenden Anweisung - erneut durchlaufen, und so weiter, bis der durch fortgesetzte Addition des Wertes von a_3 errechnete neue aktuelle Wert von v außerhalb des Intervalls $[a_1, a_2]$ liegt. In diesem Fall wird die Schleife beendet, und es wird als nächste Anweisung die auf Anweisungsnummer z_2 folgende Anweisung ausgeführt.

Allgemeine Bemerkungen und Regeln:

Die Werte der Ausdrücke a_1, a_2, a_3 können beliebige Vorzeichen haben und brauchen nicht ganzzahlig zu sein. Jedoch ist darauf zu achten, daß bei $a_3 > 0$ gilt: $a_1 < a_2$ bzw.
daß bei $a_3 < 0$ gilt: $a_1 > a_2$.

Die Anzahl n der Durchläufe ist also definiert durch

$$n = \left[\frac{a_2 - a_1}{a_3}\right] + 1$$

Dabei bedeutet $\left[\frac{a_2 - a_1}{a_3}\right]$ die größte ganze Zahl, die kleiner oder gleich $\frac{a_2 - a_1}{a_3}$ ist.

Es dürfen mehrere FOR-NEXT-Schleifen ineinandergeschachtelt werden. Die maximale Anzahl der ineinandergeschachtelten Schleifen ist anlagenabhängig, reicht aber praktisch immer für die vorkommenden Probleme aus. Schleifen dürfen sich dabei jedoch nicht überschneiden.

Die nachfolgenden Skizzen verdeutlichen dies:

richtig (nacheinander)	falsch (überschneiden)	richtig (geschachtelt)
⌈ FOR I ... ⋮ ⌊ NEXT I ⋮ ⌈ FOR J ... ⋮ ⌊ NEXT J	⌈ FOR I ... ⋮ ⌈ FOR J ... ⋮ ⌊ NEXT I ⋮ ⌊ NEXT J	⌈ FOR I ... ⋮ ⌈ FOR J ... ⋮ ⌊ NEXT J ⋮ ⌊ NEXT I

Mit Hilfe einer GO TO- oder einer IF-THEN-Anweisung kann jederzeit vorzeitig aus einer FOR-NEXT-Schleife herausgesprungen werden. Die Laufvariable behält ihren momentanen Wert. Dieser Wert ist dann außerhalb der Schleife verfügbar. Zur Verdeutlichung wollen wir an folgendem Beispiel die Zahl e aus der Reihe

$$e = 1 + \frac{1}{1!} + \frac{1}{2!} + \cdots + \frac{1}{n!} + r_n$$

berechnen, wobei für das Restglied r_n die Abschätzung

$$r_n \leq \frac{3}{(n+1)!}$$

gilt. Es sollen maximal 11 Glieder der Reihe aufsummiert werden (n=10), jedoch soll in Abhängigkeit einer vorgegebenen Genauigkeit δ für den Fehler r_k mit

$$r_k \leq \frac{3}{(k+1)!} < \delta$$

die für diesen Fehler minimale Anzahl k der Reihenglieder bestimmt werden.

Das Programm lautet:

```
10  INPUT D
20  LET N=10
30  LET F1=1
40  FOR K=1 TO N STEP 1
50  LET F1=F1*(K+1)
60  IF 3/F1<=D THEN 100
70  NEXT K
80  LET K=N
90  PRINT 'GENAUIGKEIT MIT N=',K,'NICHT ERREICHT'
100 PRINT 'BERECHNUNG VON E MIT N=',K
110 LET E=1
120 LET H=1
130 FOR I=1 TO K STEP 1
140 LET H=H/I
150 LET E=E+H
160 NEXT I
170 PRINT 'E=',E
180 GO TO 10
```

```
?.1
BERECHNUNG VON E MIT N= 5
E = 2.71667
?.001
BERECHNUNG VON E MIT N= 7
E = 2.71825
?1.E-5
BERECHNUNG VON E MIT N= 9
E = 2.71828
?1.E-8
GENAUIGKEIT MIT N= 10 NICHT ERREICHT
BERECHNUNG VON E MIT N= 10
E = 2.71828
```

3.9 Programmverzweigung - berechneter Sprung (ON)

In den Abschnitten (3.3) und (3.4) wurden zwei Sprunganweisungen vorgestellt: Der unbedingte Sprung (GO TO), der bei Erreichen der betreffenden Anweisung unbedingt ausgeführt wird, und der bedingte Sprung (IF), der bei Erreichen der betreffenden Anweisung genau dann ausgeführt wird, wenn die angegebene Bedingung erfüllt ("wahr") ist. Die nachfolgend dargestellte berechnete Sprunganweisung erweitert die Möglichkeiten der Sprunganweisungen, indem eine Mehrfachverzweigung möglich wird: Abhängig vom Wert i eines Ausdrucks a wird auf die i-te Anweisungsnummer einer Anweisungsnummernliste gesprungen.

Bevor in einem Beispiel die Wirkung der ON-Anweisung demonstriert wird, soll zunächst die allgemeine Syntax angegeben werden:

$$z \; ON \; a \; GO \; TO \; z_1, z_2, \ldots, z_k$$

Darin bedeuten:

z, z_i: Anweisungsnummern

a: arithmetischer Ausdruck

Der Wert des arithmetischen Ausdrucks a wird zum Zeitpunkt der Ausführung der ON-Anweisung berechnet, für seinen ganzzahligen Anteil i muß gelten: $1 \leq i \leq k$. Dann bewirkt die Anweisung, daß als nächste Anweisung die Anweisung mit der Nummer z_i ausgeführt wird.

Die Wirkung soll an Hand der näherungsweisen Berechnung für die
Funktion y=arc tan x über die Reihenentwicklung

$$\text{arc tan } x = x - \frac{x^3}{3} + \frac{x^5}{5} - \frac{x^7}{7} + \ldots + (-1)^n \frac{x^{2n+1}}{2n+1} \pm \ldots \qquad |x|<1$$

demonstriert werden, wobei das Argument x sowie n eingegeben
werden sollen. Die ON-Anweisung soll hier als Schalter die
alternierende Addition bzw. Subtraktion des jeweiligen Terms
steuern.

Das Programm lautet:

```
 10 INPUT   X,N
 20 LET     A=0
 30 LET     S=1
 40 FOR     I = 1 TO 2*N+1 STEP 2
 50 ON      S GO TO 60,90
 60 LET     A=A+(X**I)/I
 70 LET     S=2
 80 GO TO   110
 90 LET     A=A-(X**I)/I
100 LET     S=1
110 NEXT    I
120 PRINT   'ARC TAN(';X;')=';A;'   FUER N=';N
130 STOP

?0.546303,5
ARC TAN( 0.546303 )= 0.499977   FUER N= 5
```

3.10 Kommentar-Anweisung (REM)

Um ein Programm übersichtlicher zu gestalten, ist es oft sinnvoll,
in das Programm Kommentare einzufügen. Vor allem größere Programme
können dadurch gegliedert und wesentlich übersichtlicher gestaltet
werden. Dazu dient die REM-Anweisung (remark=Bemerkung), für die
die allgemeine Form gilt:

$\boxed{\text{z REM t}}$

Darin bedeuten:

    z: Anweisungsnummer
    t: beliebiger alphanumerischer Text

REM-Anweisungen können an beliebiger Stelle in ein Programm eingefügt werden; sie haben auf die Ausführung des Programms keinerlei Wirkung, werden aber in der Liste der nach Anweisungsnummern sortierten BASIC-Anweisungen mit ausgedruckt.

Beispiele hierzu finden sich in Kapitel 6.

3.11 Programmende (STOP)

Um die Ausführung eines Programms ordnungsgemäß zu beenden, sollte jedes Programm die dafür vorgesehene STOP-Anweisung enthalten. Wir haben diese Anweisung bereits in mehreren Beispielen verwendet. Sie hat die allgemeine Form:

$\boxed{\text{z STOP}}$

Bei Ausführung dieser STOP-Anweisung mit der Anweisungsnummer z wird die Ausführung des Programms sofort und endgültig beendet.

4. Weitere Möglichkeiten in BASIC

4.1 Felder (Vektoren, Matrizen)

In Kapitel 2 wurden die Grundelemente der BASIC-Sprache eingeführt, die den Benutzer in die Lage versetzen, einfache Beispiele aus der numerischen Mathematik zu programmieren.
Gerade die Numerik stellt jedoch häufig Anforderungen besonderer Art, die mit den bisher genannten Mitteln nur sehr umständlich zu programmieren sind: Als Beispiel sei die Bildung des Skalarproduktes zweier Vektoren genannt.
Zu programmieren wäre also:

$$c = a \cdot b = a_1 b_1 + a_2 b_2 + \ldots + a_n b_n$$

Mit den bisher bekannten Mitteln der BASIC-Sprache wäre man gezwungen, für jede Komponente der beiden Vektoren je eine BASIC-Variable zu definieren und die Summe der Produkte explizit zu bilden. Die BASIC-Anweisungen für n=5 sähen etwa wie folgt aus:

```
10 LET   C=A1*B1
20 LET   C=C+A2*B2
30 LET   C=C+A3*B3
40 LET   C=C+A4*B4
50 LET   C=C+A5*B5
```

Der Leser sieht, daß bei derartigen Problemen eine aufwendige Programmierung entsteht, zumal wenn - bezogen auf dieses Beispiel - die Anzahl der Vektorkomponenten nicht 5, sondern etwa 100 ist. Eine Programmierung mit den bisherigen Mitteln erscheint dann nicht mehr sinnvoll. Man ist deshalb gezwungen, weitere BASIC-Elemente zur Verfügung zu stellen, die es gestatten, auch solche Probleme elegant zu programmieren. Man führt deshalb in Analogie zu den indizierten Größen in der Mathematik sogenannte Felder (Vektoren, Matrizen) ein, deren Elemente alle den gleichen Namen haben und nur durch einen angefügten Index unterschieden werden. Diese Felder müssen natürlich definiert werden, das obige Beispiel sähe dann so aus:

```
10 DIM   A(5),B(5)
20 LET   C=0
30 FOR   I=1 TO 5 STEP 1
40 LET   C=C+A(I)*B(I)
50 NEXT I
```

Die Wirkungsweise ist einfach zu erkennen. In Anweisung 10 werden die in der Schleife benötigten Vektoren A und B durch das Schlüsselwort DIM (Dimension) definiert. Die Laufvariable I der Schleife wird darüber hinaus in Anweisung 40 als Index der Vektoren A und B benutzt. Wir wollen das Verfahren an einem weiteren, ausführlichen Beispiel vertiefen:

Es sollen n Zahlen $x_1, x_2, \ldots, x_n$ eingegeben werden, für die der Mittelwert m und die Standardabweichung s zu berechnen sind.

$$m = \frac{1}{n} \sum_{i=1}^{n} x_i \qquad \text{und} \qquad s = \sqrt{\frac{\sum_{i=1}^{n}(x_i - m)^2}{(n-1)}}$$

Die Anzahl n soll variabel sein, aber eine obere Grenze von 100 nicht überschreiten dürfen, also $2 \leq n \leq 100$. Die Anzahl n und die Werte $x_1, x_2, \ldots, x_n$ werden vom Benutzer eingegeben; das Programm druckt als Ergebnis den Mittelwert m und die Standardabweichung s aus. Das Programm lautet:

```
 10 DIM      X(100)
 20 INPUT    N
 30 FOR      I=1 TO N STEP 1
 40 INPUT    X(I)
 50 NEXT     I
 60 LET      M=0
 70 FOR      I=1 TO N STEP 1
 80 LET      M=M+X(I)
 90 NEXT     I
100 LET      M=M/N
110 LET      S=0
120 FOR      I=1 TO N STEP 1
130 LET      S=S+(X(I)-M)**2
140 NEXT     I
150 LET      S=SQR(S/(N-1))
160 PRINT    'MITTELWERT=',M
170 PRINT    'STANDARDABWEICHUNG=',S
180 STOP
```

```
?10
?3.5
?4
?7
?3
?8
?3
?1
?4
?9
?4
```

MITTELWERT=4.65000
STANDARDABWEICHUNG=2.517163

Einige Erläuterungen zum Programm:

Die bei der mathematischen Schreibweise übliche Indizierung wird in einem BASIC-Programm direkt übernommen. Allerdings muß in einem BASIC-Programm eine indizierte Größe, die man als Feld bezeichnet, vor ihrem erstmaligen Gebrauch im Programm deklariert werden, d.h. es muß festgelegt werden, wie groß der Index maximal werden kann. Dies geschieht mit Hilfe der Dimensionsanweisung, in unserem Beispiel in der Anweisung

    10 DIM X(100)

Sie bewirkt, daß 100 Feldelemente bereitgestellt werden, die unter den Bezeichnungen X(1),X(2),...,X(100) oder auch X(I) angesprochen werden, wobei I eine arithmetische BASIC-Variable ist und in diesem Fall zum Zeitpunkt der Benutzung von X(I) einen Wert zwischen 1 und 100 haben muß. Man bezeichnet die durch eine Dimensionsanweisung eingeführte Größe als ein Feld. Das Feld X(100) besteht aus 100 Feldelementen X(1),...,X(100). Jedes einzelne Feldelement verhält sich in einem Programm wie eine arithmetische Variable und kann deshalb überall dort verwandt werden, wo in einem Programm eine arithmetische Variable stehen könnte; insbesondere weisen wir auf die Möglichkeit hin, Feldelemente zum Beispiel in einer LET-Anweisung an beliebiger Stelle oder in einer Ein-/Ausgabeanweisung (PRINT,INPUT) zu benutzen; ein Feldelement kann auch als Argument in einem Funktionsaufruf benutzt werden.

Der Index dient zur Unterscheidung der einzelnen Feldelemente
voneinander, die alle den gleichen <u>Feldnamen</u> (in diesem
Fall X) haben und nur durch den aktuellen Wert des Index voneinander unterschieden werden. Dieser Index kann eine Konstante, eine Variable oder ein Ausdruck sein; in diesem Falle
erkennt man am obigen Beispiel die große Vereinfachung und
Flexibilität: in Anweisung 20 wird zunächst die Anzahl n der
tatsächlich benutzten Feldelemente eingelesen. Natürlich muß
der Benutzer Sorge tragen, daß bei diesem Beispiel $n \leq 100$ ist.
Die 1. Schleife (Anweisungen 30 - 50) bewirkt nun, daß nach-
einander die Werte $x_1, x_2, \ldots, x_n$ in dieser Reihenfolge ein-
gelesen und in der gleichen Reihenfolge den Feldelementen
X(1), X(2), ..., X(N) zugeordnet werden. Man beachte, daß hier die
Schleifenvariable I gleichzeitig als Feldindex verwandt wird.
Gerade diese Möglichkeit des Zusammenspiels von Laufvariable und
Feldindex verdeutlicht den großen Vorteil der Benutzung von
Feldern. Der weitere Ablauf des Programms ist nun leicht einsehbar:
In allen Anweisungen, in denen ein Feldelement X(I) auftritt,
wird der ihm durch den Einleseprozess zugewiesene Zahlenwert x_i
verwandt.

Wir haben hier ein sogenanntes eindimensionales Feld eingeführt,
das in Analogie zur Mathematik als Vektor bezeichnet wird. Das
legt die Vermutung nahe, daß darüber hinaus auch zweidimensionale
Felder möglich sind, die - wiederum in Analogie zur Mathematik -
als Matrizen bezeichnet werden. In der Mathematik wird ein
Matrixelement - etwa a_{ij} - durch zwei Indizes gekennzeichnet,
entsprechend muß eine Matrix in BASIC in der DIM-Anweisung mit
2 Indizes deklariert und bei jeder Verwendung im Programm
über zwei Indizes angesprochen werden. Wir verweisen auf das im
weiteren Verlauf dieses Abschnitts gegebene Beispiel. Grundsätzlich ergeben sich also die beiden folgenden Möglichkeiten,
Felder zu definieren:

```
z   DIM   v(n₁)
z   DIM   v(n₂,n₃)
```

Darin bedeuten:

- z: Anweisungsnummer
- v: Feldname (Aufbau wie eine Variable)
- n_j: natürliche Zahlen (größer Null)

Der Feldname unterliegt den gleichen Regeln wie ein Variablenname, d.h. er muß aus einem Buchstaben bestehen, hinter dem eine Ziffer folgen kann. Die Zahlen n_1, n_2 und n_3 geben die maximale Größe des Index in der einen bzw. den beiden Dimensionen an. Sie müssen natürliche Zahlen sein, die in Klammern eingeschlossen werden. Mehrere Dimensionsanweisungen können zu einer Dimensionsanweisung zusammengefaßt werden, z.B.:

```
10 DIM A1(27),B(30,20)
```

Es werden zwei Felder deklariert, und zwar ein Vektor A1 der Länge 27 und eine Matrix B, bestehend aus 30 Zeilen und 20 Spalten, d.h. 30*20=600 Elementen.

Betrachten wir einige Beispiele, und zwar zunächst die Addition und Multiplikation von Matrizen. Es sollen zwei 3*3-Matrizen addiert und multipliziert werden. Gegeben seien die Matrizen A und B; die Summe S=A+B ergibt sich bekanntlich nach $s_{ij} = a_{ij} + b_{ij}$ und die Produktmatrix P=A·B ergibt sich nach $p_{ij} = \sum_{k=1}^{3} a_{ik} b_{kj}$

mit i,j=1,2,3. Die Matrizen A und B sollen zeilenweise eingegeben und die Matrizen S und P nacheinander zeilenweise ausgegeben werden. Das Programm lautet:

```
10   DIM     A(3,3),B(3,3),S(3,3),P(3,3)
20   PRINT   'EINGABE MATRIX A'
30   FOR     I = 1 TO 3 STEP 1
40   INPUT   A(I,1),A(I,2),A(I,3)
50   NEXT    I
60   PRINT   'EINGABE MATRIX B'
70   FOR     I = 1 TO 3 STEP 1
80   INPUT   B(I,1),B(I,2),B(I,3)
90   NEXT    I
100  FOR     I = 1 TO 3 STEP 1
110  FOR     J = 1 TO 3 STEP 1
120  LET     S(I,J)=A(I,J)+B(I,J)
130  LET     P(I,J)=0
```

```
140 FOR     K = 1 TO 3 STEP 1
150 LET     P(I,J)=P(I,J)+A(I,K)*B(K,J)
160 NEXT    K
170 NEXT    J
180 NEXT    I
190 PRINT   'PRODUKT P'
200 FOR     I = 1 TO 3 STEP 1
210 PRINT   P(I,1),P(I,2),P(I,3)
220 NEXT    I
230 PRINT   'SUMME S'
240 FOR     I = 1 TO 3 STEP 1
250 PRINT   S(I,1),S(I,2),S(I,3)
260 NEXT    I
270 STOP

EINGABE MATRIX A
?1,2,3
?4,5,6
?7,8,9
EINGABE MATRIX B
?1,2,3
?4,5,6
?7,8,9
PRODUKT P
 30   36   42
 66   81   96
102  126  150
SUMME S
  2    4    6
  8   10   12
 14   16   18
```

Man erkennt an diesem Programm, daß zur übersichtlichen (zeilenweisen) Ein/Ausgabe von Matrizen ein relativ hoher Programmieraufwand getrieben werden muß. Wir werden später sehen, daß in BASIC für Matrizenoperationen spezielle Anweisungen möglich sind, die eine einfachere Programmierung in Anlehnung an den Matrizenkalkül gestatten.

Als weiteres Beispiel betrachten wir die Auswertung eines Polynoms mit Hilfe des Hornerschemas.

Gegeben sei ein Polynom n-ten Grades

$$p(x) = a_0 + a_1 x + a_2 x^2 + \ldots + a_n x^n$$

wobei wir $1 \leq n \leq 10$ voraussetzen wollen. Für ein Polynom n-ten Grades liegen also n+1 Koeffizienten a_i vor. Gesucht ist eine Funktionswertetabelle an den Stellen

$$x_0, x_0+d, x_0+2d, \ldots, x_1$$

Dabei sollen x_0, x_1 und d sowie n und die Koeffizienten a_i eingegeben werden. Auf Grund des Hornerschemas berechnet sich der Funktionswert eines Polynoms nach

$$p(x) = (\ldots(((a_n x + a_{n-1}) x + a_{n-2}) x + a_{n-3}) x + \ldots + a_1) x + a_0$$

Das Programm lautet:

```
10  DIM     A(11)
20  PRINT   'GRAD N'
30  INPUT   N
40  PRINT   'KOEFFIZIENTEN A0,A1,...,AN'
50  FOR     I = 0 TO N STEP 1
60  INPUT   A(I+1)
70  NEXT    I
80  PRINT   'INTERVALLANFANG'
90  INPUT   X0
100 PRINT   'INTERVALLENDE'
110 INPUT   X1
120 PRINT   'SCHRITTWEITE'
130 INPUT   D
140 PRINT   'X  P(X)'
150 LET     X=X0
160 LET     P=A(N+1)
170 FOR     I=N TO 1 STEP -1
180 LET     P=P*X+A(I)
190 NEXT    I
200 PRINT   X,P
210 LET     X=X+D
220 IF      X <= X1 THEN 160
230 STOP
    GRAD N
    ?5
    KOEFFIZIENTEN A0,A1,...,AN
```

```
?1
?2
?3
?4
?5
?6
INTERVALLANFANG
?-1.5
INTERVALLENDE
?7.4
SCHRITTWEITE
?0.1
X        P(X)
-1.5     -29
-1.4     -1.99574E+01
-1.3     -1.33150E+01
-1.2     -8.55387
-1.1     -5.23652
  ⋮
usw.
```

Der Leser wird bemerkt haben, daß bei den letzten beiden Beispielen vor der Eingabe von Daten jeweils ein Text ausgegeben wird, der dem Anwender mitteilt, welche Daten als nächstes eingegeben werden sollen. Dies empfiehlt sich immer dann, wenn wie hier verschiedene Daten eingegeben werden müssen, und ganz besonders dann, wenn die weitere Eingabe von Daten vom bisherigen Programmablauf abhängt.

Darüber hinaus soll der Leser noch auf folgende Tatsache aufmerksam gemacht werden: Die Indizierung der mathematischen Formel beginnt in diesem Beispiel bei 0, dagegen muß der Index eines Feldes in BASIC stets größer als 0 sein; daraus ergibt sich für dieses Beispiel eine Indexverschiebung, d.h. A(1) entspricht a_o, A(2) entspricht a_1 usw. Da n maximal den Wert 10 annehmen darf, muß in Anweisung 10 die Dimensionierung des Feldes A mit 11 erfolgen. Die Indexverschiebung äußert sich z.B. in den Anweisungen 50 und 60.

4.2 Matrizenanweisungen (MAT)

Wie wir im vorherigen Abschnitt bei der Berechnung des Matrizenproduktes und der Matrizensumme festgestellt haben, gestaltet sich die Programmierung solcher Probleme relativ schreibaufwendig. In BASIC stehen deshalb eine Reihe von Matrizenanweisungen zur Verfügung, die dem Programmierer viel Schreibarbeit abnehmen und eine kurze übersichtliche Programmierung gestatten. Wir wiederholen deshalb das gleiche Beispiel in Matrixschreibweise; an diesem Beispiel kann der Leser alles Wesentliche erkennen.

```
10 DIM     A(3,3),B(3,3),S(3,3),P(3,3)
20 PRINT   'EINGABE MATRIX A'
30 MAT     INPUT A
40 PRINT   'EINGABE MATRIX B'
50 MAT     INPUT B
60 MAT     S=A+B
70 MAT     P=A*B
80 PRINT   'PRODUKT P'
90 MAT     PRINT P
100 PRINT  'SUMME S'
110 MAT    PRINT S
120 STOP
EINGABE MATRIX A
?1,2,3
?4,5,6
?7,8,9
EINGABE MATRIX B
?1,1,1
?2,2,2
?3,3,3
PRODUKT P
 14 14 14
 32 32 32
 50 50 50
SUMME S
  2  3  4
  6  7  8
 10 11 12
```

Man sieht, daß die Schleifen zur Ein- und Ausgabe der Matrizen A, B, P und S entfallen und durch jeweils nur eine Anweisung, nämlich MAT INPUT bzw. MAT PRINT, ersetzt werden.

Genau wie im vorliegenden Beispiel wird nun die Eingabe der Matrizen A und B zeilenweise verlangt. Auch die 3fach ineinandergeschachtelten Schleifen zur Produktbildung entfallen und werden durch spezielle Matrizenanweisungen, nämlich

    60 MAT S=A+B
    70 MAT P=A*B

ersetzt, d.h.: Wird in einer Anweisung das Schlüsselwort MAT anstelle von LET benutzt, so werden nicht die gewöhnlichen Skalaroperationen, sondern Matrizenoperationen durchgeführt, wobei die entsprechende Verknüpfung und Zuweisung mathematisch definiert sein muß. Hierauf wird bei der folgenden Vorstellung der einzelnen Matrizenanweisungen eingegangen. Obwohl diese Befehle in den meisten Fällen für Felder allgemein gelten, also sowohl für Vektoren als auch für Matrizen, werden sie üblicherweise kurz als Matrizenanweisungen bezeichnet, weil im wesentlichen die elementaren Matrizenoperationen durch die MAT-Anweisungen verwirklicht sind.

4.2.1 Ein- und Ausgabe von Matrizen und Vektoren (MAT INPUT, MAT PRINT)

Aufgrund der Vorbemerkungen in (4.2) lautet die allgemeine Form für die Ein/Ausgabe von Matrizen und Vektoren:

```
z MAT INPUT  v_1,v_2,...,v_n
z MAT PRINT  v_1,v_2,...v_n
```

Darin bedeuten:

    z : Anweisungsnummer
    $v_1, v_2, \ldots, v_n$: Name von Feldern (Matrizen oder Vektoren)

Sowohl bei der Ein- als auch Ausgabe wird eine Matrix (bzw. Vektor) nach der anderen abgearbeitet, und zwar erfolgt die Ein/Ausgabe grundsätzlich zeilenweise. Vektoren werden in diesem Sinne wie Matrizen mit einer Spalte behandelt (vgl. Beispiel in 4.2.10).

Die Wirkung wird an folgendem schematischen Beispiel erläutert.

```
10 DIM A(10,3),B(3,5)
20 MAT INPUT A,B
   ⋮
```

Der Benutzer muß bei Ausführung der Anweisung 20 folgende Daten in dieser Reihenfolge und in dieser Zeilenanordnung eingeben:

    1. Zeile Matrix A   (3 Elemente nebeneinander eingeben)
    2. Zeile Matrix A   (3 Elemente nebeneinander eingeben)
    ⋮
    10.Zeile Matrix A   (3 Elemente nebeneinander eingeben)
    1. Zeile Matrix B   (5 Elemente nebeneinander eingeben)
    2. Zeile Matrix B   (5 Elemente nebeneinander eingeben)
    5. Zeile Matrix B   (5 Elemente nebeneinander eingeben)

4.2.2 Addition und Subtraktion zweier Matrizen oder Vektoren

Gegeben seien zwei Matrizen A und B mit den Elementen a_{ij} und b_{ij}, i=1,2,..., m und j=1,2...n. Die Addition und Subtraktion dieser Matrizen liefert die Ergebnismatrix C mit $c_{ij}=a_{ij} \pm b_{ij}$, i=1,2,..,m; j=1,2..,n. Die Addition/Subtraktion erfolgt also elementweise. Die Addition und Subtraktion von Vektoren erfolgt entsprechend: Der 2. Index entfällt in diesem Fall.
Die entsprechenden BASIC-Anweisungen lauten:

```
z MAT c=a+b
z MAT c=a-b
```

Darin bedeuten:

z: Anweisungsnummer

a,b,c: Namen von Feldern (Matrizen oder Vektoren)

Die Dimensionen aller drei Felder müssen gleich sein.
Der Name des Ergebnisfeldes c muß ungleich dem Namen der Felder a und b sein.
Mit jeder MAT-Anweisung kann nur _eine_ Operation ausgeführt werden.

Beispiel: 10 MAT C=A+B

Folgende Anweisungen sind nicht erlaubt:

a) 10 MAT A=A+B   (gleiche Namen)
b) 10 MAT A=B+C+D   (mehr als <u>eine</u> Operation)
c) 10 DIM A(2,2),B(3,3),C(2,2)
   20 MAT C=A+B   (ungleiche Dimensionierung)

4.2.3 Multiplikation einer Matrix oder eines Vektors mit einem Skalar

Es ist häufig erforderlich, daß alle Elemente a_{ij} einer gegebenen Matrix A mit einem Skalar s multipliziert werden. Das Ergebnis ist wieder eine Matrix B mit den Elementen $b_{ij}=sa_{ij}$. Entsprechendes gilt für Vektoren.

Die allgemeine Form der Anweisung für dieses Produkt lautet:

$$\boxed{z \text{ MAT } b=(s)*a}$$

Darin bedeuten:
   z: Anweisungsnummer
   a,b: Namen von Feldern (Matrizen oder Vektoren)
   s: Skalar (arithmetischer Ausdruck)

Die Dimensionierungen beider Felder a und b müssen gleich sein. Der Skalar s muß zwingend in Klammern angegeben werden; er kann eine arithmetische Konstante, eine arithmetische Variable oder auch ganz allgemein ein arithmetischer Ausdruck sein.

Beispiel:

    10 DIM   A(2,2),B(2,2),C(2,2)
    20 MAT   INPUT A
    30 LET   S=5
    40 MAT   B=(S)*A
         ⋮
    100 MAT   C=(6+S**2)*A
         ⋮

In Anweisung 40 wird jedes Element der Matrix A mit 5 multipliziert und das Ergebnis den Elementen der Matrix B zugewiesen. Anweisung 100 wirkt ähnlich, jedoch ist hier der skalare Faktor ein Ausdruck, der den Wert $6+5^2$ hat.

Anmerkung: Der Name des Ergebnisfeldes darf gleich dem
Namen des auf der rechten Seite stehenden Feldes
sein (siehe Beispiel 4.2.7)

4.2.4 Multiplikation zweier Matrizen

Gegeben seien zwei Matrizen A und B mit den Elementen

$$a_{ik} \text{ und } b_{kj} \quad \text{mit} \quad \begin{cases} i=1,2,\ldots,m \\ j=1,2,\ldots,n \\ k=1,2,\ldots,l \end{cases}$$

Die Elemente c_{ij}, $i=1,2..m$ und $j=1,2,\ldots,n$ der Produktmatrix
C=A·B sind definiert durch

$$c_{ij} = \sum_{k=1}^{l} a_{ik} b_{kj}$$

Die allgemeine Form der Anweisung zur Multiplikation zweier
Matrizen lautet:

$\boxed{z \quad \text{MAT} \quad c=a*b}$

Darin bedeuten:

z: Anweisungsnummer

a,b,c: Namen von Matrizen

Es ist darauf zu achten, daß die zu multiplizierenden Matrizen
und die Produktmatrix im Programm geeignet dimensioniert sind,
d.h. die Spaltenzahl der Matrix a muß gleich der Zeilenzahl der
Matrix b sein. Die Zeilenzahl der Produktmatrix c muß gleich der
Zeilenzahl der Matrix a sein, die Spaltenzahl der Produktmatrix c
muß gleich der Spaltenzahl der Matrix b sein.
Der Name der Produktmatrix darf weder gleich dem Namen der Matrix a
noch dem Namen der Matrix b sein.

Beispiel: 10 DIM A(2,3),B(3,5),C(2,5)
            ⋮
            100 MAT C=A*B
            ⋮

Bei dieser Dimensionierung von A, B und C wäre die Anweisung

    100 MAT C=B*A

in BASIC nicht erlaubt (sie ist auch mathematisch nicht definiert!)

4.2.5 Wertzuweisung von Matrizen oder Vektoren

Mathematisch bedeutet die Gleichsetzung zweier Matrizen A=B, daß eine Matrix A gebildet wird, deren einzelne Elemente a_{ij} gleich den entsprechenden Elementen b_{ij} der Matrix B sind; d.h. es gilt $a_{ij}=b_{ij}$ für alle möglichen i und j. Entsprechendes gilt für Vektoren. Dies setzt natürlich voraus, daß die beiden Matrizen (bzw. Vektoren) gleichdimensioniert sind.

Auch in BASIC braucht man nicht den umständlichen Weg der elementweisen Gleichsetzung zu gehen, sondern kann mit Hilfe einer Matrizenanweisung den Inhalt eines Feldes einem anderen gleichdimensionierten Feld zuweisen, wobei diese Zuweisung elementweise vorgenommen wird. Die allgemeine Form der entsprechenden BASIC-Anweisung lautet:

    | z MAT a=b |

Darin bedeuten:

    z: Anweisungsnummer
    a,b: Namen von gleichdimensionierten Feldern
         (Matrizen oder Vektoren)

Die Wirkung dieser Anweisung wird durch das folgende Beispiel verdeutlicht:

```
10   DIM A(2,3),B(2,3)
20   MAT INPUT B
30   MAT A=B
40   MAT PRINT A
50   STOP
?  1,2,3
?  4,5,6
   1 2 3
   4 5 6
```

Nach Ausführung der Anweisung 30 enthält die Matrix A die gleichen Werte wie die Matrix B.

Anmerkung: Die Wirkung der Anweisung

    30 MAT A=B

ist identisch mit der Anweisung

    30 MAT A=(1)*B

4.2.6 Nullsetzen einer Matrix oder eines Vektors

Mit Hilfe der Anweisung

    $\boxed{\text{z\quad MAT\quad a=ZER}}$

mit

    z: Anweisungsnummer
    a: Name eines Feldes (Matrix oder Vektor)

werden alle Elemente des in der Anweisung angegebenen Feldes a auf "0" gesetzt (ZER von engl. zero).

Beispiel:

    10 DIM A(5,4)
      ⋮
    100 MAT A=ZER

Alle 5*4=20 Elemente der Matrix A haben nach Ausführung der Anweisung 100 den Wert Null.

4.2.7 Einssetzen einer Matrix oder eines Vektors

Mit Hilfe der Anweisung

    $\boxed{\text{z\quad MAT\quad a=CON}}$

mit

    z: Anweisungsnummer
    a: Name eines Feldes (Matrix oder Vektor)

werden alle Elemente des in der Anweisung angegebenen Feldes a auf "1" gesetzt (CON von engl. constant).

Beispiel:

    10 DIM A(5,4)
      ⋮
    100 MAT A=CON

Alle 5*4=20 Elemente der Matrix A erhalten in Anweisung 100 den Wert "1" zugewiesen. Will man allen Elementen einer Matrix einen gleichen, aber beliebigen Wert, beispielsweise 0.1, zuweisen, so muß dies über den Umweg der Skalarmultiplikation geschehen.

Beispiel:

```
10 DIM A(5,4)
    ⋮
100 MAT A=CON
110 MAT A=(0.1)*A
```

Nach Ausführung der Anweisungen 100 und 110 haben alle Elemente der Matrix A den Wert 0.1.

4.2.8 Bilden der Einheitsmatrix

Die Bildung der häufig gebrauchten Einheitsmatrix (quadratisch)

$$\begin{bmatrix} 1 & 0 & 0 & \cdots & 0 & 0 \\ 0 & 1 & 0 & \cdots & 0 & 0 \\ \vdots & & & & & \\ 0 & 0 & 0 & \cdots & 0 & 1 \end{bmatrix}$$

erfolgt über die Anweisung

| z MAT a=IDN |

Darin bedeuten:

z: Anweisungsnummer
a: Name einer quadratischen Matrix

Die Anweisung bewirkt, daß alle Elemente der Hauptdiagonalen einer quadratischen Matrix auf "1" gesetzt werden; alle übrigen Elemente erhalten den Wert "0" zugewiesen (IDN von engl. identity).

Beispiel:

```
10 DIM A(3,3)
    ⋮
100 MAT A=IDN
```

Die Elemente der Matrix A haben nach Ausführung der Anweisung 100 die folgende Form:

$$\begin{bmatrix} 1 & 0 & 0 \\ 0 & 1 & 0 \\ 0 & 0 & 1 \end{bmatrix}$$

4.2.9 Transponieren einer Matrix

Im Matrizenkalkül spielt die Transponierung einer Matrix eine wichtige Rolle. Unter der Transponierung versteht man das Austauschen von Zeilen und Spalten (Stürzen einer Matrix). Gegeben sei die Matrix A mit den Elementen a_{ij}; i=1,2...m, j=1,2...n. Die Elemente b_{kl}; k=1,2...n, l=1,2...m der transponierten Matrix B ergeben sich aus:

$$b_{kl} = a_{lk}$$

In BASIC steht für diese Operation die folgende Anweisung zur Verfügung:

```
z    MAT    a=TRN(b)
```

Darin bedeuten:

    z: Anweisungsnummer
    a,b: Namen von Matrizen

Die Namen der transponierten Matrix a und der Ausgangsmatrix b müssen voneinander verschieden sein. Die Zeilenzahl (Spaltenzahl) der transponierten Matrix a muß gleich der Spaltenzahl (Zeilenzahl) der Ausgangsmatrix b sein, d.h. die Dimensionen müssen zueinander "passen".

Beispiel: Die Matrix $B = \begin{bmatrix} 1 & 2 & 3 \\ 4 & 5 & 6 \end{bmatrix}$ sei zu transponieren.

Folgende Anweisungen sind dafür notwendig:

```
10   DIM A(3,2),B(2,3)
 ⋮
100 MAT A=TRN(B)
```

Nach Ausführung der Anweisung 100 enthält die Matrix A die folgenden Elemente:

$$A = \begin{bmatrix} 1 & 4 \\ 2 & 5 \\ 3 & 6 \end{bmatrix}$$

4.2.10 Invertierung einer Matrix

Als letzte Matrizenanweisung betrachten wir die Anweisung zur Invertierung einer Matrix. Gegeben sei eine quadratische nichtsinguläre Matrix A. Gesucht ist eine quadratische Matrix B, genannt die Inverse von A (d.h. $B=A^{-1}$) mit der Eigenschaft

$$AB=BA=E$$

wobei E die Einheitsmatrix darstellt.

In BASIC steht für diese Operation die folgende Anweisung zur Verfügung:

```
z    MAT    b=INV(a)
```

Darin bedeuten:

z: Anweisungsnummer

a,b: Namen von quadratischen Matrizen

Die beiden Matrizen müssen quadratisch und gleichdimensioniert sein. Die Namen der inversen Matrix b und der Ausgangsmatrix a dürfen nicht gleich sein.

<u>Anmerkung:</u>

Die Elemente der Ausgangsmatrix a stehen nach Ausführung der MAT INV-Anweisung bei den meisten Rechenanlagen nicht mehr zur Verfügung.

Beispiel: Gegeben sei die Matrix

$$A = \begin{bmatrix} 1 & 2 & 3 & 4 \\ 5 & 5 & 7 & 8 \\ 2 & 10 & 11 & 12 \\ 13 & 14 & 15 & 16 \end{bmatrix}$$

Wir bilden die inverse Matrix $B=A^{-1}$ von A, bilden zur Kontrolle das Matrizenprodukt AB und subtrahieren davon die Einheitsmatrix E, wir bilden also D=AB-E. Als Ergebnis für D erwarten wir die Nullmatrix.

Das Programm lautet:

```
10   DIM A(4,4),B(4,4),E(4,4),D(4,4),X(4,4)
20   MAT INPUT A
30   MAT X=A
40   MAT B=INV(X)
50   MAT X=A*B
60   MAT E=IDN
70   MAT D=X-E
80   PRINT 'INVERSE MATRIX'
90   MAT PRINT B
100  PRINT 'FEHLERMATRIX'
110  MAT PRINT D
120  STOP

?1,2,3,4
?5,5,7,8
?2,10,11,12
?13,14,15,16
```

INVERSE MATRIX

```
 4.76188E-02   1.97440E-07  -1.42857E-01   9.52380E-02
 6.66667E-01  -1.00000       0.00000       3.33333E-01
-2.80952       2.00000       4.28571E-01  -6.19047E-01
 2.01190      -9.99999E-01  -2.85714E-01   2.73809E-01
```

FEHLERMATRIX

```
-4.17233E-06  -2.79397E-07   2.38419E-07  -8.94070E-07
-7.79331E-06  -1.66893E-06   2.38419E-07  -1.96695E-06
-9.03010E-06  -3.89665E-06  -2.38419E-07  -2.56300E-06
-1.44690E-05  -3.63216E-06   2.38419E-07  -4.70877E-06
```

Man beachte, daß die Hilfsmatrix X eingeführt wird, da durch Anweisung 40 die Ausgangsmatrix zerstört, andererseits die Ausgangsmatrix A in Anweisung 50 noch benötigt wird. Weiter ist die Matrix X zur Zwischenspeicherung des Produkts AB in Anweisung 50 erforderlich.

Darüber hinaus sieht man, daß alle Elemente der Fehlermatrix D einen Wert in der Größenordnung von 10^{-6} aufweisen. Daß sie nicht exakt Null sind, liegt an der beschränkten Stellenanzahl, mit

der die Rechenanlage jede Zahl darstellt. Die dadurch entstehenden
Rundungsfehler können im Extremfall sogar dazu führen, daß eine
mathematisch eindeutig gesicherte Lösung auf der Rechenanlage
auf Grund der Fehlerfortpflanzung numerisch nicht erreicht werden
kann.

In einem weiteren Beispiel wird die Lösung eines linearen
Gleichungssystems berechnet. Ohne Verwendung von Matrizenan-
weisungen ist die Programmierung dieses Problems sehr umfangreich.
Sie wird im Zusammenhang mit der Flußdiagrammtechnik angegeben.
Hier wird die Lösung des gleichen Problems mit Hilfe von Matrizen-
Anweisungen vollzogen.
Gegeben sei das Gleichungssystem:

$$a_{11}x_1 + a_{12}x_2 + \ldots + a_{1n}x_n = r_1$$
$$a_{21}x_1 + a_{22}x_2 + \ldots + a_{2n}x_n = r_2$$
$$\vdots$$
$$a_{n1}x_1 + a_{n2}x_2 + \ldots + a_{nn}x_n = r_n$$

Gesucht wird eine Lösung $x_1, x_2, \ldots, x_n$, die dieses Gleichungssystem erfüllt.
In Matrizenschreibweise lautet das gleiche Problem:
Zu einer gegebenen Matrix A und einem gegebenen Vektor R wird
ein Vektor X gesucht, so daß gilt:

$$AX = R$$

wobei A eine quadratische n*n-Matrix und X sowie R Vektoren der
Länge n sind.
Die Lösung läßt sich im Matrizenkalkül folgendermaßen formulieren:

$$X = A^{-1}R$$

wobei A^{-1} die zu A inverse Matrix ist.
In BASIC lautet das Programm für n=3:

```
10 DIM    A(3,3),B(3,3),X(3),R(3)
20 MAT    INPUT A
30 MAT    INPUT R
40 MAT    B=INV(A)
50 MAT    X=B*R
60 MAT    PRINT X
70 STOP
```

?3,5,1 ⎫
?2,4,5 ⎬   Eingabe der Matrix A
?1,2,2 ⎭

?4   ⎫
?-9 ⎬   Eingabe des Vektors der rechten Seite
?-3 ⎭

 -1.00003 ⎫
  2.00002 ⎬   Ausgabe des Lösungsvektors X
-3.00000 ⎭

Auch hier erkennt man wieder sehr deutlich, daß sich anstelle der erwarteten exakten Lösung (-1;2;-3) ein durch Rundungsfehler verfälschtes Ergebnis ergibt.

4.3 Unterprogrammtechnik (DEF, GOSUB)

Häufig muß man in einem BASIC-Programm an verschiedenen Programmpunkten das gleiche Teilproblem lösen. Mit den bisherigen Kenntnissen ist man in solchen Fällen gezwungen, die gleiche Anweisungsfolge mehrfach zu programmieren. Niemand wird bei der Programmierung auf die Idee kommen, z.B. das Programm für die Berechnung der Quadratwurzel jedesmal neu zu schreiben und mehrfach in ein Programm einzubauen. Vielmehr sorgt die Anweisung

    LET B=SQR(A)

dafür, daß der Variablen B der Wert der Wurzel des Wertes von A zugewiesen wird. Analog zu diesen Standardfunktionen (siehe Kapitel 3.6) kann der Benutzer selbst eigene Funktionen und sogenannte Unterprogramme schreiben und jederzeit aufrufen.

4.3.1 Funktionen (DEF)

Wir betrachten als Beispiel die Nullstellenbestimmung mit Hilfe der REGULA FALSI. Gegeben sei die Gleichung $f(x)=0$; gesucht ist ein Wert $\bar{x}$, der diese Gleichung befriedigt. Sind x_{n-1} und x_{n-2} zwei Näherungswerte für die gesuchte Lösung $\bar{x}$, so ergibt sich ein verbesserter Wert x_n aus der Beziehung

$$x_n = \frac{x_{n-1}f(x_{n-2}) - x_{n-2}f(x_{n-1})}{f(x_{n-2}) - f(x_{n-1})}$$

Das Verfahren soll abgebrochen werden, wenn für zwei aufeinanderfolgende Näherungswerte $|x_{n-2}-x_{n-1}| < \varepsilon$ gilt.

Betrachten wir als Beispiel die Gleichung $f(x)=e^{-x}-x=0$. Als Näherungswerte wählen wir $x_1=0$ und $x_2=1$ und $\varepsilon=10^{-4}$.

Das Programm lautet unter Verwendung der bisher bekannten BASIC-Anweisungen:

```
10   INPUT  X1,X2,E1
20   LET    F1=EXP(-X1)-X1
30   IF     ABS(X1-X2) < E1 THEN 100
40   LET    F2=EXP(-X2)-X2
50   LET    X3=(X2*F1-X1*F2)/(F1-F2)
60   LET    X1=X2
```

```
70  LET    X2=X3
80  LET    F1=F2
90  GO TO  30
100 PRINT  'NULLSTELLE X =',X3
110 STOP

?0,1,1.E-4

NULLSTELLE X = 5.67143E-01
```

Man erkennt zweierlei: Erstens muß der Funktionswert $f(x)=e^{-x}-x$ für verschiedene Argumente an zwei Stellen (Anweisungen 20 und 40) berechnet werden. Das bedeutet, daß der Benutzer an diesen beiden Stellen im Programm den Ausdruck $e^{-x}-x$ programmieren muß; bei komplizierten Funktionen bedeutet dies mehr Programmieraufwand. Zweitens muß das Programm an eben diesen Stellen zweimal geändert werden, wenn sich die Funktion, deren Nullstellen gesucht sind, ändert, wenn z.B. $f(x)=\cos x-x$ betrachtet wird.

BASIC gestattet es nun dem Benutzer, sich selbst eigene Funktionen zu definieren und diese dann im weiteren Programmablauf wie normale Standardfunktionen zu benutzen. Wir geben zunächst das Programm unter Ausnutzung dieser Möglichkeit wieder:

```
10  DEF    FNA(X)=EXP(-X)-X
20  INPUT  X1,X2,E1
30  LET    F1=FNA(X1)
40  IF     ABS(X1-X2) < E1 THEN 110
50  LET    F2=FNA(X2)
60  LET    X3=(X2*F1-X1*F2)/(F1-F2)
70  LET    X1=X2
80  LET    X2=X3
90  LET    F1=F2
100 GO TO  40
110 PRINT  'NULLSTELLE X = ',X3
120 STOP

?0,1,1.E-4

NULLSTELLE X = 5.67143E-01
```

Dieses Beispiel zeigt den Vorteil gegenüber der bisherigen
Methode beim Benutzen selbstprogrammierter Funktionen. In
Anweisung 10 wird ein für allemal die Funktion $f(x)=e^{-x}-x$
definiert. Dabei ist DEF ein Schlüsselwort und bedeutet, daß
in dieser Anweisung eine Funktion mit dem Namen FNA definiert
wird. Die ersten beiden Buchstaben FN sind dabei obligatorisch
(FuNktion) und werden von einem Buchstaben, hier A, gefolgt.
Das in Klammern eingeschlossene X ist das formale Argument,
mit dem der dem Gleichheitszeichen folgende BASIC-Ausdruck
ausgewertet werden soll. Bei Ausführung der Anweisungen 30 und
50 werden die aktuellen Werte für x, nämlich X1 und X2 dazu
benutzt, die in Anweisung 10 definierte Funktion auszuwerten.
Die berechneten Werte werden jeweils den Variablen F1 und F2
zugewiesen. Der Vorteil ist ersichtlich:
Die Anweisungen 20 bis 120 beinhalten formal die Regula Falsi;
dieser Programmteil ist für beliebige Funktionen gültig und
braucht nicht geändert zu werden.

Eine Änderung des Programms etwa beim Lösen einer anderen
Gleichung (z.B. $f(x)=\cos x - x = 0$) ist nur noch in Anweisung 10
erforderlich.

Nach diesen Vorbemerkungen geben wir hier die allgemeine Form
der Anweisung zur Definition von Funktionen:

$$\boxed{z \quad \text{DEF} \quad \text{FNa}(x_1, x_2, \ldots, x_n) = b}$$

Darin bedeutet:

- a: ein beliebiger Buchstabe; FNa ist der Funktionsname;
  die Buchstabenfolge FN ist obligatorisch.
- x_i: formale Argumente, für die der Funktionswert berechnet
  werden soll. Die formalen Argumente x_i müssen nach den
  Regeln für Variable aufgebaut sein.
- b: beliebiger BASIC-Ausdruck, der aus Konstanten, Variablen,
  Funktionen und den formalen Argumenten x_i aufgebaut ist.
  Bei diesen Funktionen darf es sich um Standardfunktionen
  und um andere, mit Hilfe der DEF-Anweisung selbst definierte Funktionen handeln. Eine Rekursivität ist nicht
  erlaubt.
- z: Anweisungsnummer

Die Wirkung des Funktionsaufrufes, z.B. FNA(X1), ist vergleichbar der Wirkung eines Standardfunktionsaufrufes.

Zum Abschluss geben wir zwei Beispiele zur Verwendung einer selbstdefinierten Funktion in einem BASIC-Programm an:

a) Wir wollen die Sinuswerte für $x_1 = 30°$ und $x_2 = 270°$ berechnen und ausgeben (Argument im Gradmaß).
Man sieht an diesem Beispiel außerdem, daß der Aufruf einer selbstdefinierten Funktion auch in einer PRINT-Anweisung stehen darf.

```
10 DEF    FNS(X)=SIN(X*3.14159/180)
20 PRINT FNS(30),FNS(270)
30 STOP
```

0.5   -1

b) In einem weiteren Beispiel definieren und verwenden wir eine Funktion zur Berechnung von Funktionswerten eines Polynoms 3. Grades im Intervall [a,b] an den Stellen $x_i = a + id$, $i = 0, 1, 2 \ldots n$ bei gegebenen a_0, a_1, a_2, a_3, [a,b] und d.

Das Programm lautet:

```
10 DEF    FNP(X)=A3*X**3+A2*X**2+A1*X+A0
20 INPUT  A0,A1,A2,A3
30 INPUT  A,B,D
40 LET    N=(B-A)/D
50 FOR    I=0 TO N STEP 1
60 LET    X1=A+I*D
70 LET    Y1=FNP(X1)
80 PRINT  X1,Y1
90 NEXT   I
100 STOP
```

?1,2,3,4
?0,2,0.2

```
0              1
2.00000E-01  1.55200
4.00000E-01  2.53600
6.00000E-01  4.14400
8.00000E-01  6.56800
    ⋮
```

Man beachte, daß der BASIC-Ausdruck in der Definitionsanweisung einer Funktion nicht nur das formale Argument X enthält, sondern auch die für das Polynom 3. Grades gewählten Koeffizienten A0, A1,A2,A3, die - und das ist das Besondere - erst nach der formalen Definition der Funktion eingelesen werden. Hier zeigt sich deutlich, daß die Definition einer Funktion unabhängig von ihrer physischen Anordnung im Programm vorgenommen werden kann:
Sie kann an beliebiger Stelle des Programms erfolgen und hat dann globale Wirkung.

4.3.2 Unterprogramme (GO SUB)

Im vorangehenden Paragraphen 4.3.1 wurden Definition und Wirkungsweise einer Funktion eingehend beschrieben. Charakteristisch für eine Funktion ist dabei die Tatsache, daß nur _eine einzige_ Anweisung in der Definition benutzt werden darf, und daß bei jedem Aufruf der Funktion _genau ein_ Funktionswert zur Weiterverarbeitung zur Verfügung gestellt wird. Häufig tritt jedoch in einem BASIC-Programm das Problem auf, mehrere gleichartige Anweisungen an unterschiedlichen Stellen des Programms einzufügen. In diesen Fällen ist die Definition von Funktionen nicht mehr möglich, so daß weitere BASIC-Elemente zur Verfügung gestellt werden müssen.

Betrachten wir dazu das folgende Beispiel: Gegeben seien zwei Felder A und B mit je n Feldelementen. Es soll ein Programm entwickelt werden, welches beide Felder auf Gleichheit überprüft. Wenn beide Felder unsortiert sind, gestaltet sich die Aufgabe schwierig, da praktisch jedes Feldelement des Feldes A mit jedem Feldelement des Feldes B verglichen werden muß. Einfacher gestaltet sich die Aufgabe, wenn vor dem Vergleich beide Felder auf- oder absteigend sortiert sind. In diesem Fall müssen nur noch die Feldelemente mit gleichem Index auf Gleichheit geprüft werden. Da das Sortieren von Zahlen eine häufig wiederkehrende Aufgabe ist, wird hierfür ein Unterprogramm geschrieben, das dann bei Bedarf jeweils aufgerufen werden kann.

Die gesamte Aufgabe gliedert sich dann in die folgenden Abschnitte:

a) Einlesen der Felder A und B
b) Sortieren des Feldes A
c) Sortieren des Feldes B
d) Vergleich der beiden Felder
e) Ausgabe eines Textes bei Gleichheit oder Ungleichheit.

Man erkennt, daß das Teilproblem "Sortieren" zweimal zu lösen ist. Ohne Unterprogrammtechnik müßte also zweimal die gleiche Befehlsfolge programmiert werden, einmal für Feld A und einmal für Feld B. Wir werden sehen, daß dieser Aufwand nicht notwendig ist. Dazu betrachten wir zunächst das Sortierproblem für sich allein. Wir stellen uns also die Aufgabe, ein Feld X der Länge N aufsteigend zu sortieren, d.h. nach der Sortierung soll der Wert des Feldelements X(1) kleiner oder gleich dem des Feldelements X(2), dieser wiederum kleiner oder gleich dem des Feldelements X(3) usw. sein. Dazu wird im 1. Durchgang das Minimum der Werte aller Feldelemente gesucht und mit dem Wert des Feldelements X(1) vertauscht. Im 2. Durchgang wird das Minimum der Werte der Feldelemente X(2) bis X(N) gesucht und mit dem Wert des Feldelements X(2) vertauscht. Nach N-1 Durchgängen ist das Feld aufsteigend sortiert.

Das Programm zum Sortieren lautet:

```
10  FOR   I=1 TO N-1 STEP 1
20  FOR   J=I+1 TO N STEP 1
30  IF    X(I) < X(J) THEN 70
40  LET   Z=X(I)
50  LET   X(I)=X(J)
60  LET   X(J)=Z
70  NEXT  J
80  NEXT  I
```

Der Leser mache sich klar, daß die innere Schleife (20-70) dazu dient, das Minimum der Werte der Feldelemente X(I),X(I+1),..., X(N) zu bestimmen und dieses Minimum dem Feldelement X(I) zuzuweisen. Für den Vertauschungsprozeß wird die Variable Z benutzt. Dieser Vorgang wird in der äußeren Schleife (N-1)-mal wiederholt.

Kehren wir nun zum eigentlichen Problem des Vergleichs zweier
Felder A und B zurück und erstellen das Programm zunächst ohne
Unterprogrammtechnik:

```
10  DIM    A(5),B(5)
20  MAT    INPUT A
30  MAT    INPUT B
40  LET    N=5
50  FOR    I = 1 TO N-1 STEP 1
60  FOR    J = I+1 TO N STEP 1
70  IF     A(I) <= A(J) THEN 110
80  LET    Z=A(I)
90  LET    A(I)=A(J)
100 LET    A(J)=Z
110 NEXT   J
120 NEXT   I
130 FOR    I = 1 TO N-1 STEP 1
140 FOR    J = I+1 TO N STEP 1
150 IF     B(I) <= B(J) THEN 190
160 LET    Z=B(I)
170 LET    B(I)=B(J)
180 LET    B(J)=Z
190 NEXT   J
200 NEXT   I
210 FOR    I = 1 TO N STEP 1
220 IF     A(I) >< B(I) THEN 260
230 NEXT   I
240 PRINT  'GLEICHHEIT'
250 GO TO 270
260 PRINT  'UNGLEICHHEIT'
270 STOP

?5,4,3,2,1
?1,2,3,4,5

GLEICHHEIT
```

Man erkennt deutlich, daß jeweils die Anweisungen 50-120 und 130-200 das Sortierproblem lösen, und daß diese beiden Programmteile bis auf den Feldnamen A bzw. B identisch sind. Man mache sich klar, daß der Programmieraufwand erheblich ansteigt, wenn man z.B. 5 Felder miteinander auf Gleichheit prüfen wollte. Geben wir nun dasselbe Beispiel bei Ausnutzung der Unterprogrammtechnik wieder:

```
10  DIM     A(5),B(5),X(5)
20  MAT     INPUT A
30  MAT     INPUT B
40  LET     N=5
50  MAT     X=A
60  GO SUB  180
70  MAT     A=X
80  MAT     X=B
90  GO SUB  180
100 MAT     B=X
110 FOR     I=1 TO N STEP 1
120 IF      A(I) >< B(I) THEN 160
130 NEXT    I
140 PRINT   'GLEICHHEIT'
150 GO TO   170
160 PRINT   'UNGLEICHHEIT'
170 STOP
180 FOR     I = 1 TO N-1 STEP 1
190 FOR     J = I+1 TO N STEP 1
200 IF      X(I) <= X(J) THEN 240
210 LET     Z=X(I)
220 LET     X(I)=X(J)
230 LET     X(J)=Z
240 NEXT    J
250 NEXT    I
260 RETURN

?1,2,3,4,5
?5,4,3,2,1

GLEICHHEIT
```

In beiden Programmen sind die Anweisungen zur Eingabe der Felder,
zum Vergleich der sortierten Felder und zur Ausgabe des Textes
gleich. Die Programme unterscheiden sich jedoch bei der Lösung
des Sortierproblems. Während im ersten Programm die Sortierung
durch zweimalige Programmierung der gleichen Anweisungsfolge gelöst wird, wird im 2. Fall die Lösung wie folgt erreicht:
In Anweisung 50 werden zunächst alle Feldelemente von A den
Feldelementen eines "Hilfsfeldes" X zugewiesen. Sodann wird
Anweisung 60 ausgeführt. Die Anweisung

    60 GO SUB 180

bewirkt, daß das Programm mit Anweisung 180 fortgesetzt wird.
Alle Anweisungen, die auf Anweisung 180 folgen, werden ausgeführt,
d.h. das Feld X mit den Werten des Feldes A wird sortiert. Die
letzte, in Sequenz auszuführende Anweisung ist

    260 RETURN

Sie bewirkt, daß die Ausführung mit der nächsten auf Anweisung 60
folgenden Anweisung (hier also Anweisung 70) fortgesetzt wird.
Es erfolgt ein automatischer "Rücksprung" vom "Unterprogramm Sortieren" in das "rufende Programm" (oder Hauptprogramm).
Die weiteren Anweisungen sind nun klar. Anweisung 70 bewirkt,
daß die Werte des sortierten Feldes X den Feldelementen von A
zugewiesen werden, womit das Feld A in sich sortiert und das
Feld X für den nächsten Sortierschritt (nämlich Feld B) verfügbar
ist. Die Anweisungen 80-100 bewirken dann die Sortierung des
Feldes B. Die Anweisungen 110-170 beinhalten wie beim 1. Fall
den Vergleich.

Generell läßt sich also die logische Struktur eines Programms
mit Unterprogramm in der folgenden Form schematisch darstellen.

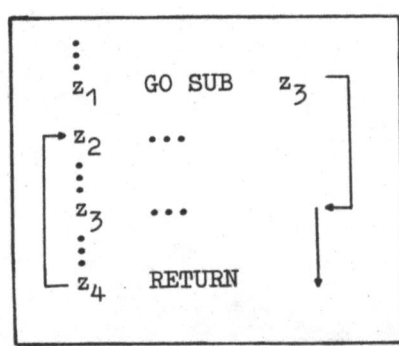

Darin bedeuten:

z_1, z_2, z_3, z_4 : Anweisungsnummern

GO SUB: Schlüsselwort, kennzeichnet den Aussprung vom Hauptprogramm in das Unterprogramm

RETURN: Schlüsselwort, kennzeichnet den Rücksprung aus dem Unterprogramm in das Hauptprogramm

Das Zusammenspiel von GO SUB- und RETURN-Anweisung läßt sich wie folgt beschreiben:

Bei Ausführung der Anweisung

z_1 GO SUB z_3

wird die Anweisung mit der Anweisungsnummer z_3 angesprungen. Der Programmteil, in dem sich die GO SUB-Anweisung befindet, heißt "rufendes Programm" oder auch Hauptprogramm. Der mit Anweisung z_3 beginnende und mit RETURN endende Programmteil heißt "gerufenes Programm" oder auch Unterprogramm. Nach Ausführung der Anweisungen z_3 bis z_4 erfolgt automatisch ein Rücksprung ins Hauptprogramm zu der auf die GO SUB-Anweisung folgenden Anweisung (mit der Anweisungsnummer z_2.). Der logische Ablauf ist durch Pfeile gekennzeichnet.

Der Leser sei auf folgende wichtige Regeln hingewiesen:

a) Alle Größen im Hauptprogramm (z.B. Konstanten, Variablen, Felder etc.) sind im Unterprogramm unter dem gleichen Namen verfügbar und umgekehrt.

b) Der Benutzer muß darauf achten, daß ein Unterprogramm über die GO SUB-Anweisung angesprungen wird.

c) Ein Unterprogramm darf sich nicht selbst aufrufen. Folgendes Programm wäre also falsch (die Pfeile deuten den logischen Fluß an):

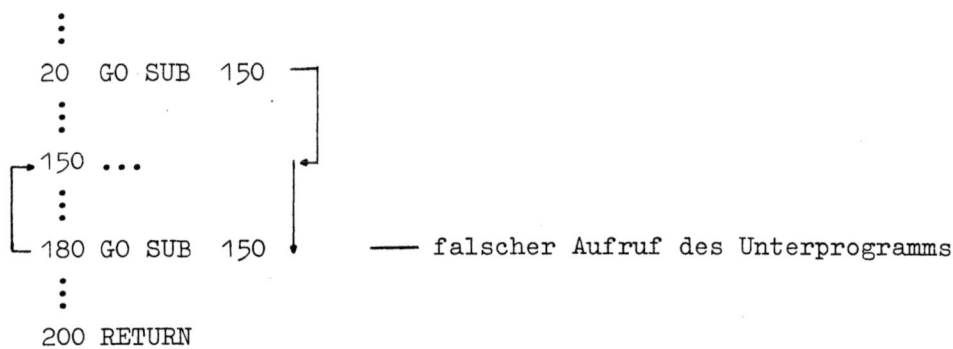
— falscher Aufruf des Unterprogramms

d) Es ist jedoch erlaubt, von einem Unterprogramm ein weiteres Unterprogramm aufzurufen, aber weder direkt noch indirekt dasselbe Unterprogramm.

4.4 Einlesen programminterner Daten (READ, DATA, RESTORE)

Die beiden Anweisungen READ und DATA erlauben zusammen das "Einlesen" von programminternen Daten, d.h. im Gegensatz zur INPUT-Anweisung fordert die READ-Anweisung die Daten nicht vom Benutzer an der Datenstation an, sondern es wird der nächste Wert aus einem mit Hilfe von DATA-Anweisungen erstellten "Datenblock" genommen, der ein Teil des Programms darstellt.
Anhand eines Beispiels soll die Wirkungsweise und das Zusammenspiel von READ- und DATA-Anweisungen erläutert werden:

```
10  FOR    I = 1 TO 5 STEP 1
20  READ   X
30  LET    Y=SIN(X*3.14159/180)
40  PRINT  X,Y
50  NEXT   I
60  READ   X1,X2,X3
70  READ   X4
80  READ   X5,X6,X7
90  PRINT  X1,X2,X3,X4,X5,X6,X7
100 STOP
110 DATA   0,30,45,60,90
120 DATA   10,-3.5
130 DATA   10.5,-4.9,3.6,4.1
140 DATA   14.5
```

```
    0    0
   30    0.50000
   45    0.70711
   60    0.86602
   90    1.00000
   10   -3.5   10.5   -4.9   3.6   4.1   14.5
```

Wir erläutern zunächst das Programm:

Zwischen den Anweisungen 10 bis 50 wird eine Schleife 5mal durchlaufen. Bei jedem Durchlauf wird die Anweisung

    20 READ X

ausgeführt. Sie bewirkt, daß die Variable X jeweils mit dem nächsten Wert aus der Anweisung

    110 DATA 0,30,45,60,90

versehen wird; d.h. bei erstmaliger Ausführung der READ-Anweisung erhält X den ersten Wert der ersten DATA-Anweisung, nämlich "0", zugewiesen, beim zweiten Durchlauf den zweiten Wert, also 30, usw. Die Anweisungen 30 - 50 sind selbsterklärend.

Nach 5maligem Durchlaufen der Anweisung 20 sind also die 5 Zahlenwerte der DATA-Anweisung 110 "verbraucht".

Die nun nach der Schleife folgende Anweisung

    60 READ X1,X2,X3

bewirkt, daß 3 weitere Zahlenwerte für die 3 Variablen X1,X2 und X3 benötigt werden. Dafür werden die 3 nächsten Werte des Datenblocks genommen, nämlich die beiden Werte 10 und -3.5 der Anweisung

    120 DATA 10,-3.5

und der 1. Wert 10.5 der Anweisung

    130 DATA 10,-4.9,3.6,4.1

Damit sind auch diese 3 Werte "verbraucht" und in Anweisung 70 wird der Variablen X4 der nunmehr nächste Wert des Datenblocks (nämlich -4.9) zugewiesen. Entsprechend erhalten die Variablen X5, X6 und X7 die Werte 3.6, 4.1 und 14.5 zugewiesen.

An diesem Beispiel erkennt man folgende Regeln für das Zusammenspiel von READ- und DATA-Anweisungen:

a) Die Zahlenwerte aus allen DATA-Anweisungen eines Programms werden in der Reihenfolge ihres Auftretens im Programm zu <u>einem</u> Datenblock zusammengefügt; im Beispiel entsteht also der Datenblock

   0,30,45,60,90,10,-3.5,10.5,-4.9,3.6,4.1,14.5

b) Von BASIC wird ein (interner) Zeiger verwaltet, der jeweils auf das nächste zu lesende Element des Datenblocks zeigt; bei Programmbeginn weist dieser Zeiger auf das 1. Element des Datenblockes.

b) Jede READ-Anweisung bewirkt, daß aus dem Datenblock genauso viele Zahlen "gelesen" werden, wie Variable in der READ-Anweisung auftreten. Die Zuordnung von Zahlenwerten und Variablen erfolgt parallel: Der Zeiger wird so weitergesetzt, daß er auf das jeweils nachfolgende Element des Datenblocks zeigt.

In vielen Fällen könnte man die READ- und DATA-Anweisungen ebensogut durch eine Reihe von LET-Anweisungen ersetzen (z.B. die Anweisungen 60-80, 120-140); READ-Anweisungen innerhalb von Schleifen (z.B. die Anweisungen 20 und 110) lassen sich i.a. jedoch nicht auf einfache Weise durch entsprechende LET-Anweisungen ersetzen.

Durch eine READ-Anweisung lassen sich natürlich nur solche Variablen einlesen, deren Werte bereits bei der Erstellung des Programms bekannt sind. Andererseits erspart man sich gegenüber den INPUT-Anweisungen das jeweilige erneute Eingeben der Werte bei mehrmaligem Programmablauf.
Zudem kann man einen Datenblock während eines Programmablaufs mehrmals lesen.

Nach dem Gesagten gibt nämlich der (interne) Zeiger jeweils das nächste zu wählende Element des Datenblocks an. Mit Hilfe der RESTORE-Anweisung kann dieser Zeiger nun an jedem beliebigen Programmpunkt auf das erste Element des Datenblocks (d.h. auf den ersten Wert der ersten DATA-Anweisung) zurückgestellt werden.

Beispiel:
```
    10   READ      X1,X2,X3
    20   RESTORE
    30   READ      X4,X5,X6,X7
    40   PRINT     X1,X2,X3,X4,X5,X6,X7
    50   STOP
    60   DATA      1,2,3,4,5
         1 2 3 1 2 3 4
```

Man erkennt deutlich die Wirkungsweise der RESTORE-Anweisung: In Anweisung 10 werden die Werte 1,2 und 3 den Variablen X1,X2,X3 zugewiesen. Anweisung 20 bewirkt das Zurücksetzen des Zeigers auf den ersten Wert der DATA-Anweisung, so daß die Anweisung 30 nunmehr den Variablen X4,X5,X6,X7 die Werte 1,2,3,4 zuordnet.

Die allgemeine Syntax für die in diesem Paragraph eingeführten Anweisungen lautet:

z_1	READ	$v_1, v_2, v_3, \ldots, v_n$
z_2	DATA	$c_1, c_2, c_3, \ldots, c_m$
z_3	RESTORE	

Darin bedeuten:

z_1, z_2, z_3:   Anweisungsnummern

$v_1, v_2, \ldots, v_n$:   Variablen

$c_1, c_2, \ldots, c_n$:   Konstanten

Es sollte noch angemerkt werden, daß die DATA-Anweisungen hinsichtlich ihrer Anweisungsnummern zwischen die übrigen Programmanweisungen "eingestreut" werden können. Eine gute Programmierpraxis ist jedoch das Zusammenfassen aller DATA-Anweisungen am Programmende, da dies die Übersichtlichkeit verbessert.

4.5 Zeichenverarbeitung (Textverarbeitung)

In den vorangegangenen Beispielen haben wir bereits an verschiedenen Stellen die Zeichenverarbeitung (Textverarbeitung) in ihrer einfachsten Weise kennengelernt: Um das jeweilige Beispiel während des Programmablaufs übersichtlicher zu gestalten, haben wir häufig mit Hilfe der PRINT-Anweisung feststehende Zeichenketten (Texte) ausgedruckt. Diese Art der Verarbeitung ist natürlich sehr starr: Bereits bei der Erstellung des Programms mußte die Zeichenkette festgelegt werden. Zur besseren Lesbarkeit eines Programmausdrucks reicht dieses Mittel vollkommen, ein richtiges Arbeiten mit Zeichen und Zeichenketten ist aber natürlich nur dann möglich, wenn eine Zeichenkette eingelesen und einer Variablen zugewiesen werden und wenn darüber hinaus die Zeichenkette analysiert werden kann. D.h. man muß über Zeichenkonstanten, Zeichenvariablen und dazugehörige Vergleichs- und Zuweisungsanweisungen verfügen.

Betrachten wir wiederum ein Beispiel, an dem wir das Wesentliche der Zeichenverarbeitung kennenlernen können. In dem folgenden "Entscheidungsspiel" soll die Rechenanlage Empfehlungshilfen zur Gestaltung des Abends geben:

```
10  PRINT 'IST DAS WETTER SCHOEN?'
20  INPUT A$
30  IF   A$ = 'JA' THEN 90
40  PRINT 'GIBT ES EINE INTERESSANTE FERNSEHSENDUNG?'
50  INPUT A$
60  IF   A$ = 'JA' THEN 110
70  PRINT 'SIE SOLLTEN EIN BUCH LESEN ODER INS BETT GEHEN!'
80  GO TO 120
90  PRINT 'SIE SOLLTEN EINEN SPAZIERGANG MACHEN!'
100 GO TO 120
110 PRINT 'FERNSEHGERAET EINSCHALTEN!'
120 GO TO 10
```

```
 IST DAS WETTER SCHOEN?
?'NEIN'
 GIBT ES EINE INTERESSANTE FERNSEHSENDUNG?
?'JA'
 FERNSEHGERAET EINSCHALTEN!
```

An diesem Beispiel werden die Objekte der Zeichenverarbeitung sowie deren Verarbeitungsmöglichkeiten deutlich; sie werden im folgenden erläutert:

Zeichenkette

Grundelement der Zeichenverarbeitung ist die Zeichenkette. Sie besteht aus einer Folge von alphanumerischen Zeichen (d.h. Ziffern, Buchstaben und Sonderzeichen). Implizit ist einer Zeichenkette ihre Länge zugeordnet: Sie ergibt sich aus der Anzahl der in der Zeichenkette vorhandenen Zeichen (einschließlich Leerzeichen). Zeichenketten können im Rahmen einer maximalen Länge - die vom Rechenanlagentyp abhängt, i.a. aber mindestens 15 Zeichen beträgt - eine beliebige Länge haben.

Beispiel: IST DAS WETTER SCHOEN?

Die Länge der im Beispiel angegebenen Zeichenkette ist 22.

Zeichenkonstante

Eine Zeichenkonstante besteht aus einer Zeichenkette, die rechts und links durch je ein Apostroph begrenzt ist. Die Länge der Zeichenkonstanten ist die Anzahl der Zeichen zwischen den Apostrophen.

Beispiele: 'JA', 'NEIN', 'YES/NO?'

Zeichenvariable

Eine Zeichenvariable wird durch einen Buchstaben, dem ein Dollarzeichen ($) folgt, dargestellt.

Beispiele: A$, B$, M$

Einer Zeichenvariablen wird als Wert eine Zeichenkette zugewiesen. Gleichzeitig ist der Zeichenvariablen implizit die Länge der Zeichenkette - nach außen unmittelbar nicht sichtbar - zugeordnet.

Zeichenfelder

Analog zur Definition von Feldern im Abschnitt (4.1) können auch für Texte Felder definiert werden: Man bezeichnet sie als Zeichenfelder. Dabei verhalten sich die einzelnen Feldelemente wie Zeichenvariable, d.h. der Wert eines Zeichenfeldelementes ist eine Zeichenkette. Es sind ein- und zweidimensionale Felder erlaubt, die mit Hilfe der DIM-Anweisung erklärt werden müssen.

Beispiel: 50 DIM F$(10)

Für das Zeichenfeld F$ werden 10 Feldelemente festgelegt; jedes dieser Feldelemente kann im Rahmen der Maximallänge beliebige Länge haben.

<u>Wertzuweisung einer Zeichenvariablen (LET, INPUT, READ-DATA)</u>

Mit Hilfe der LET-Anweisung kann man einer Zeichenvariablen den Wert einer anderen Zeichenvariablen oder eine Zeichenkonstante zuweisen.

Beispiel:

```
20   LET   X$=Y$
30   LET   Z$='JA'
```

Darüber hinaus kann man einer Zeichenvariablen ihren Wert auch über eine INPUT-Anweisung bzw. über die Anweisungen READ-DATA zuweisen. Die folgenden Beispiele verdeutlichen dieses:

```
10   INPUT A$
20   STOP

?'MUELLER'
```

Die Zeichenvariable A$ hat nach Ausführung der Anweisung 10 und nach Eingabe des Wertes 'MUELLER' den Wert MUELLER. Die implizite Länge ist 7. Man beachte, daß bei der Eingabe der Zeichenkette diese in Apostrophe eingeschlossen werden muß.

```
10   READ A$
20   STOP
30   DATA 'MEYER'
```

Nach Ausführung der Anweisung 10 hat die Zeichenvariable A$ den Wert MEYER. Ihre implizite Länge ist 5.

<u>Ausgabe einer Zeichenvariablen</u>

Die Ausgabe des Wertes einer Zeichenvariablen bzw. eines Zeichenfeldelementes erfolgt durch die PRINT-Anweisung.

Beispiel:

```
10 LET    A$='MUELLER'
20 PRINT A$
30 STOP
```

    MUELLER

Vergleich zweier Zeichenketten

Zwei Zeichenketten können miteinander verglichen werden. Dabei heißen zwei Zeichenketten <u>gleich</u>, wenn sie gleich lang sind und jeweils an der gleichen Position das gleiche Zeichen aufweisen. Zwei Zeichenketten heißen <u>ungleich</u>, wenn sie an mindestens einer Position aus unterschiedlichen Zeichen bestehen.

Beispiel: MEYER
               MEIER

Die Zeichenketten im o.a. Beispiel sind ungleich, da sie sich in der 3. Position voneinander unterscheiden.

Falls zwei Zeichenketten ungleich sind, kann darüber hinaus definiert werden, daß die eine kleiner als die andere ist: Eine Zeichenkette z_1 ist <u>kleiner</u> als eine Zeichenkette z_2, wenn die Zeichenkette z_1 in lexikalischer Anordnung vor der Zeichenkette z_2 steht. Dabei besteht für den in BASIC benutzbaren Zeichenvorrat folgende von links nach rechts aufsteigende lexikalische Anordnung (ASCII-Code):

    Leerzeichen ! " # $ % & ' ( ) * + , - . / 0 ... 9 : ; < = > ? § A ... Z ∧

Beispiel: z_1:   *+ABC
               z_2:   *-XYZ

Die Zeichenkette z_1 ist kleiner als die Zeichenkette z_2, da das Pluszeichen lexikalisch vor dem Minuszeichen steht.

Anmerkung: Der hier benutzte Zeichenvorrat (siehe auch 3.7) ist nicht vollständig, vielmehr sind herstellerabhängig weitere Zeichen möglich. Darüber hinaus ist auch die lexikalische Reihenfolge nicht einheitlich und variiert in Abhängigkeit von der auf der Rechenanlage implementierten Codierung (EBCDI-Code, BCD-Code, ASCII-Code). Dem Benutzer wird daher empfohlen, Zeichenvorrat und benutzer Code, d.h. die lexikalische Reihenfolge, dem entsprechenden Herstellerhandbuch zu entnehmen.

Mit Hilfe der IF-Anweisung können nun zwei Zeichenketten miteinander verglichen werden und in Abhängigkeit des Vergleichsergebnisses Programmverzweigungen vorgenommen werden. Die allgemeine Form der IF-Anweisung für den Vergleich von Zeichenketten lautet:

$$z_1 \quad \text{IF} \quad a_1 \oplus a_2 \quad \text{THEN} \quad z_2$$

Darin bedeuten:

z_1, z_2: Anweisungsnummern

a_1, a_2: Vergleichsoperanden, von denen jeder genau eine Zeichenkonstante oder eine Zeichenvariable oder ein Zeichenfeldelement sein kann.

$\oplus$: Vergleichsoperator für die Vergleichsoperanden a_1 und a_2.

Folgende Vergleichsmöglichkeiten sind vorhanden:

	Vergleich	Bedeutung
a)	$a_1 = a_2$	Die durch a_1 und a_2 dargestellten Zeichenketten sind gleich
b)	$a_1 < a_2$	Die durch a_1 dargestellte Zeichenkette steht lexikalisch vor der durch a_2 dargestellten Zeichenkette (kleiner)
c)	$a_1 <= a_2$	Wie Fall b), aber unter Einschluß der Gleichheit (kleiner oder gleich)
d)	$a_1 > a_2$	Die durch a_1 dargestellte Zeichenkette steht lexikalisch hinter der durch a_2 dargestellten Zeichenkette (größer)
e)	$a_1 >= a_2$	Wie Fall d), aber unter Einschluß der Gleichheit (größer oder gleich)
f)	$\begin{Bmatrix} a_1 <> a_2 \\ a_1 >< a_2 \end{Bmatrix}$	Die durch a_1 und a_2 dargestellten Zeichenketten sind ungleich

Die Wirkung der IF-Anweisung besteht darin, daß abhängig vom Ergebnis der Vergleichsoperation $a_1 \oplus a_2$ entweder mit der Anweisung z_2 oder mit der auf z_1 folgenden Anweisung fortgefahren wird. Die Wirkung entspricht also genau der arithmetischen IF-Anweisung (siehe 3.4).

Beispiel: 10   IF   A$ = 'JA' THEN 50

Hat die Zeichenvariable A$ den Wert JA, so wird das Programm mit Anweisung 50 fortgesetzt.

Falls die zu vergleichenden Zeichenketten ungleich lang sind, wird vor dem Vergleich die kürzere durch Anfügen von Leerzeichen auf die gleiche Länge gebracht.

Ein weiteres Beispiel verdeutlicht das Arbeiten mit Zeichenketten: Es soll überprüft werden, ob ein vom Benutzer eingegebener Name in einer im Programm verankerten Liste von n Namen enthalten ist und eine entsprechende Meldung ausgegeben werden; falls der Name in der Liste enthalten ist, soll zusätzlich ausgegeben werden, das wievielte Element dieser Name in der Liste ist. Das Problem kann mit Hilfe des folgenden Programms gelöst werden:

```
 10 LET    N=10
 20 DIM    N$(10)
 30 FOR    I = 1 TO N STEP 1
 40 READ   N$(I)
 50 NEXT   I
 60 INPUT  R$
 70 FOR    I = 1 TO N STEP 1
 80 IF     R$ = N$(I) THEN 120
 90 NEXT   I
100 PRINT  'NAME NICHT IN DER LISTE ENTHALTEN'
110 GO TO  130
120 PRINT  'NAME ALS';I;'. ELEMENT IN DER LISTE ENTHALTEN'
130 GO TO  60
140 DATA   'MUELLER,GERD','MAIER,HANS','MAIER,GUSTAV','EHL,UDO'
150 DATA   'SCHULZ,HANS','SCHULZE,HANS','BAUMANN,ROLAND'
160 DATA   'DEICHMANN,UWE','LANGE,HERBERT','BAUMANN,WALTER'
?'LANGE,HELGA'
  NAME NICHT IN DER LISTE ENTHALTEN
?'MAIER,HANS'
  NAME ALS   2. ELEMENT IN DER LISTE ENTHALTEN
```

Neben diesen Standardverarbeitungsmöglichkeiten zur Textverarbeitung gibt es herstellerabhängig Erweiterungen. Auf die Wichtigsten soll hier kurz eingegangen werden.

Teilzeichenketten

In einer Zeichenkette kann man durch Angabe einer Startposition und einer Länge Teilzeichenketten definieren. Wenn etwa die Zeichenkette

    z_1: MUELLER,JOHANN,FINKENWEG6,3050WUNSTORF

vorgelegt ist, so kann man einzelne Bestandteile dieser Zeichenkette (Name, Vorname, u.s.w.) als Teilzeichenketten definieren. So ist in o.a. Beispiel die Teilzeichenkette FINKENWEG6 festgelegt durch ihre Startposition 16 und ihre Länge 10. Allein diese Angaben genügen, um auf eine Teilzeichenkette Bezug zu nehmen. Die Implementierung dieser Verarbeitungsmöglichkeit wird von einigen Herstellern wie folgt vorgenommen:

Ist A$ eine Zeichenvariable und z_1 die ihr zugeordnete Zeichenkette, so heißt A$(:s,l) eine Teilzeichenvariable: Ihr Wert ist die Teilzeichenkette von z_1, die an der Startposition s von z_1 beginnt und die Länge l hat.

Beispiel: 10 INPUT A$
                  20 PRINT A$(:9,6)
                  30 STOP

                  ?'MUELLER,JOHANN'
                  JOHANN

Entsprechend können ein- und zweidimensionale Zeichenfeldelemente um Teilzeichenfeldelemente erweitert werden. Seien A$(5) bzw. B$(6,3) zwei Zeichenfeldelemente. Dann sind A$(5:s,l) bzw. B$(6,3:s,l) die entsprechenden Teilzeichenfeldelemente. Ihr Wert ergibt sich analog zum Wert einer Teilzeichenvariablen.

Die Größen s und l können im allgemeinen beliebige arithmetische Ausdrücke sein. Diese werden zunächst berechnet, und ihre ganzzahligen Anteile werden als Startposition s und Länge l verwandt.

Die Bezugnahme auf Teilzeichenketten in der oben beschriebenen Form ist nicht einheitlich in allen BASIC-Implementierungen. Einige Hersteller stellen anstelle des hier beschriebenen Verfahrens eine spezielle Funktion mit 3 Argumenten zur Verfügung: name(v,s,l). Dabei ist v eine Zeichenvariable oder ein Zeichenfeldelement, s und l sind Startposition und Länge einer Teilzeichenkette, name ist der aus dem Herstellerhandbuch zu entnehmende Funktionsname. Ein Beispiel soll anhand einer Gegenüberstellung die Wirkungsweise dieses Funktionsaufrufes verdeutlichen:

```
10 LET    A$='LOTTOZETTEL'         10 LET    A$='LOTTOZETTEL'
20 PRINT A$(:2,4)                  20 PRINT name(A$,2,4)
30 STOP                            30 STOP

OTTO                               OTTO
```

Aneinanderfügen von Zeichenketten

Zeichenketten können in BASIC miteinander durch das Pluszeichen (+) verknüpft werden. Ein selbsterklärendes Beispiel verdeutlicht dies:

```
10 LET A$='LOTTO'
20 LET B$='ZETTEL'
30 LET C$=A$+B$
40 PRINT C$
50 STOP

LOTTOZETTEL
```

Einige Hersteller verwenden anstelle des Pluszeichens (+) das Undzeichen (&).

Länge einer Zeichenkette (LEN)

Mitunter ist es notwendig, die Länge einer Zeichenkette explizit zu bestimmen. Hierfür wird in BASIC eine spezielle Funktion LEN(a) zur Verfügung gestellt, die als Argument eine Zeichenvariable bzw. ein Zeichenfeldelement besitzt und als Wert die Länge des Argumentwertes liefert.

```
Beispiel:  10 LET    A$='LOTTOZETTEL'
           20 LET    L=LEN(A$)
           30 PRINT L
           40 STOP

              11
```

Umwandlung einer Zahl in eine Zeichenkette (STR)

Mit Hilfe der Stringfunktion STR(a) kann der Wert eines beliebigen arithmetischen Ausdrucks von der internen Zahlendarstellung in eine Zeichenkette umgewandelt werden. Das Argument der Funktion ist ein arithmetischer Ausdruck, der Funktionsaufruf liefert als Ergebnis eine Zeichenkette, deren 1. Position für das Vorzeichen reserviert ist.

Beispiel:
```
10 INPUT X
20 LET   A$=STR(X)
30 PRINT A$(:4,2)
40 STOP

?3.16228
16
```

Umwandlung einer Zeichenkette in eine Zahl (VAL)

Mit Hilfe der Funktion VAL(z) wird eine Zeichenkette in die interne Zahlendarstellung umgewandelt. Ein selbsterklärendes Beispiel verdeutlicht die Wirkungsweise der VAL-Funktion.

```
10 LET   A$='2'
20 LET   B$='3'
30 LET   X=VAL(A$)*VAL(B$)
40 PRINT X
50 STOP

 6
```

Zum Abschluß dieses Kapitels sollen noch einmal einige Möglichkeiten zur Zeichenkettenverarbeitung an einem Beispiel erläutert werden. Es soll ein Programm entwickelt werden, das ein einzugebendes Personenverzeichnis einmal nach Namen und einmal nach Wohnorten alphabetisch sortiert. Dabei soll die aus Namen und Wohnort bestehende Zeichenkette wie folgt eingegeben werden:

    Positionen 1 - 10 : Name
    Positionen 11 - 20 : Wohnort

Das Ende der Daten wird dabei durch Eingabe der Zeichenkette 999 in den Positionen 1 - 3 angezeigt.

Das Programm lautet:

```
10 REM   ALPHABETISCHES SORTIEREN
20 DIM   A$(100)
30 LET   I=1
40 INPUT A$(I)
50 IF    A$(I:1,3) = '999' THEN 80
60 LET   I=I+1
70 GO TO 40
```

```
 80 LET    N=I-1
 90 LET    S=1
100 LET    L=10
110 GO SUB 260
120 PRINT 'SORTIERT NACH NAMEN'
130 FOR    I = 1 TO N
140 PRINT A$(I)
150 NEXT   I
160 PRINT
170 LET    S=11
180 LET    L=10
190 GO SUB 260
200 PRINT 'SORTIERT NACH ORTEN'
210 FOR    I = 1 TO N
220 PRINT A$(I:11,10),A$(I:1,10)
230 NEXT   I
240 STOP
250 REM    UNTERPROGRAMM ZUM SORTIEREN
260 FOR    I = 1 TO N-1
270 FOR    J = I+1 TO N
280 IF     A$(I:S,L) < A$(J:S,L) THEN 320
290 LET    Z$=A$(I)
300 LET    A$(I)=A$(J)
310 LET    A$(J)=Z$
320 NEXT   J
330 NEXT   I
340 RETURN
?'ADLER     XANTEN'
?'OTTO      AUGSBURG'
?'HUBER     BREMEN'
?'DERWALL   FRANKFURT'
?'999'
SORTIERT NACH NAMEN
ADLER      XANTEN
DERWALL    FRANKFURT
HUBER      BREMEN
OTTO       AUGSBURG

SORTIERT NACH ORTEN
AUGSBURG   OTTO
BREMEN     HUBER
FRANKFURT  DERWALL
XANTEN     ADLER
```

4.6 Zugriff auf Dateien

Mit den bisher behandelten BASIC-Befehlen erfolgte die Eingabe von Daten standardmäßig mit Hilfe der Anweisung INPUT über die Tastatur des Rechners, die Ausgabe der Ergebnisse erfolgte standardmäßig mit Hilfe der PRINT- bzw. PRINT USING-Anweisungen auf dem Bildschirm. Bei jedem Programmaufruf mußten die Daten erneut über die Tastatur eingegeben werden. Darüber hinaus wurden die Anweisungen READ, DATA und RESTORE eingeführt, mit deren Hilfe wir eine Möglichkeit kennenlernten, größere, in verschiedenen Programmläufen wiederholt benötigte Datenmengen im Programm zu verankern und damit nur einmal über die Tastatur eingeben zu müssen. Diese Lösung der Datenspeicherung ist jedoch unbefriedigend, da die Daten mit dem Programm statisch verknüpft sind und somit eine dynamische Veränderung (durch das Programm) nicht möglich ist.

Um dieses Nachteile aufzuheben, besteht im allgemeinen die Möglichkeit, Daten auf einem an den Rechner angeschlossenen Drucker auszugeben bzw. Daten auf einem an den Rechner angeschlossenen externen magnetischen Speicher (z.B. Diskette, Kassette, Magnetplatte) auszugeben und von diesem wieder einzulesen. Man bezeichnet eine solche Datenmenge als Datei. Z.B. ist die auf einem Drucker erstellte Ergebnisliste eines Programms eine Druckdatei; die von einem Programm auf eine Diskette ausgegebenen Daten bilden eine Diskettendatei.

Auf magnetischen Speichern können mehrere Dateien vorhanden sein, die aus verschiedenen Programmläufen eines Programmes oder von mehreren unterschiedlichen Programmen erzeugt wurden. Um die verschiedenen Dateien auf einer Diskette zu unterscheiden, wird jeder Datei eine eindeutige Bezeichnung - der Dateiname - zugeordnet. Unter diesem Namen kann man durch das Programm auf die Datei jederzeit zugreifen. Die Verwaltung der verschiedenen Dateien auf einer Diskette, d.h. das Abspeichern in verschiedenen Bereichen der Diskette und das Wiederauffinden, ist Aufgabe der Rechenanlage, der Benutzer braucht sich um diese Aufgabe nicht zu kümmern.

Wir wollen an dem folgenden Beispiel die erforderlichen Anweisungen zum Speichern von Daten auf einer Diskette und das Einlesen dieser Daten in die Rechenanlage einführen:

```
10    INPUT   A,B,C
20    OPEN    'O',#1,'FRITZ'
30    PRINT   #1,A,B,C
40    CLOSE   #1
50    OPEN    'I',#2,'FRITZ'
60    INPUT   #2,X,Y,Z
70    PRINT   X,Y,Z
80    CLOSE   #2
90    STOP
 ? 8,102,61
  8  102  61
```

Wir erläutern zunächst das Programm: In Anweisung 10 werden den Variablen A,B,C die über die Tastatur eingegebenen Zahlenwerte 8,102,61 zugewiesen. In Anweisung

    20   OPEN   'O',#1,'FRITZ'

wird eine Datei mit dem Dateinamen FRITZ auf der Diskette "eröffnet", d.h. der Dateiname wird auf der Diskette eingetragen und ein Bereich für die Daten bereitgestellt. Daß es sich um eine Ausgabedatei, d.h. eine neu zu erstellende Datei handelt, wird durch den Buchstaben O (Output) kenntlich gemacht. Weiterhin wird eine programminterne Dateinummer, hier #1, festgelegt und vorübergehend in diesem Programm der Datei FRITZ zugeordnet. In Anweisung

    30 PRINT   #1,A,B,C

werden die Werte der Variablen A,B,C in dieser Reihenfolge in die Datei geschrieben, die zuvor durch die OPEN-Anweisung eröffnet wurde, also in die Datei FRITZ. Die Zuordnung zwischen PRINT-Anweisung und der Datei FRITZ erfolgt über die in der OPEN-Anweisung angegebene Dateinummer. Mit jeder Anweisung PRINT #1,... werden Daten in die Datei FRITZ übertragen. In Anweisung

    40   CLOSE #1

wird die über die Dateinummer #1 eröffnete Datei FRITZ "geschlossen", d.h. die Beziehung zwischen der Dateinummer #1 und der Datei FRITZ wird aufgelöst. In der Anweisung

    50   OPEN   'I',#2,'FRITZ'

wird die eben erstellte Datei erneut eröffnet, diesmal zum Einlesen von Daten, was durch den Buchstaben I (Input) kenntlich gemacht wird. Diesmal wird die Datei FRITZ mit der Dateinummer #2 verknüpft (wir hätten auch die Nummer #1 erneut verwenden können). Die Anweisung 60 liest die zuvor in die Datei FRITZ übertragenen Daten ein und ordnet die Werte den Variablen X, Y und Z zu. Die Werte drucken wir in Anweisung 70 aus und schließen danach in Anweisung 80 die Datei FRITZ über die Dateinummer #2. Die Datei FRITZ ist natürlich nach wie vor auf der Diskette gespeichert.

Nach diesen Vorbemerkungen erfolgt jetzt die formale Definition der Anweisungsfolge für die Ein/Ausgabe von Daten auf externe Speicher. Es sei jedoch angemerkt, daß hier herstellerabhängig geringfügige Abweichungen möglich sind, die jedoch am Grundprinzip nichts ändern.

Eingabe

$$\begin{array}{ll} z_1 & \text{OPEN} \quad \text{'I'},\#n_1,\text{'}d_1\text{'} \\ & \vdots \\ z_2 & \text{INPUT} \quad \#n_1,l_1 \\ & \vdots \\ z_3 & \text{CLOSE} \quad \#n_1 \end{array}$$

Ausgabe

$$\begin{array}{ll} z_4 & \text{OPEN} \quad \text{'O'},\#n_2,\text{'}d_2\text{'} \\ & \vdots \\ z_5 & \text{PRINT} \quad \#n_2,l_2 \\ & \vdots \\ z_6 & \text{CLOSE} \quad \#n_2 \end{array}$$

Darin bedeuten:

z_i: Anweisungsnummern.

n_i: Dateinummern, bestehend aus numerischer Konstante oder Variable oder Ausdruck (ganzzahlig, positiv, Maximalwert herstellerabhängig).

d_i: Dateiname oder Gerätebezeichnung für den Drucker (Aufbau herstellerabhängig).

l_i: Ein- bzw. Ausgabeliste gemäß Regeln für INPUT- bzw. PRINT-Anweisungen.

I,O: Kennzeichnet den Modus der Datei als Eingabe- oder Ausgabe-Datei.

Anmerkungen:

1. Bei der Anweisung OPEN 'I',... muß eine Datei mit dem angegebenen Dateinamen existieren.

2. Bei der Anweisung OPEN 'O',... darf eine Datei mit dem angegebenen Dateinamen nicht existieren.

3. Ein Verlängern einer bestehenden Datei (d.h. Hinzufügen von weiteren Daten) ist also nur auf folgende Weise möglich: Die

bestehende Datei muß bis zum Ende gelesen und deren Daten müssen in eine neu zu erstellende Ausgabedatei übertragen werden, anschließend können weitere Daten an die Ausgabedatei angehängt werden.

4. Vor der ersten Ausführung einer Eingabe- bzw. Ausgabeanweisung muß die Datei im entsprechenden Modus (I bzw. O) durch Ausführung einer OPEN-Anweisung eröffnet werden. Nach Ausführung der letzten Ein- bzw. Ausgabeanweisung muß die Datei durch Ausführung einer CLOSE-Anweisung geschlossen werden.

5. Bei der Ausgabe - insbesondere auf den Drucker - kann statt der PRINT-Anweisung auch die PRINT USING-Anweisung mit ihren Regeln benutzt werden.

Zum Abschluß soll das folgende Beispiel programmiert werden: In einem ersten Programm wird eine Datei (SCHDA) erstellt, in die alle Schüler einer Jahrgangsstufe mit den von jedem einzelnen Schüler belegten Kursen eingetragen werden. Die Anzahl der Kurse pro Schüler ist für jeden einzelnen Schüler frei wählbar (≤ 10). Jede Eingabe für einen Schüler besteht also aus folgenden Elementen:

    Schüler   Anzahl n der Kurse $Kurs_1$ $Kurs_2$ ... $Kurs_n$

Entsprechend wird die Eingabe dieser Daten in dieser Reihenfolge vom Programm angefordert. Wird statt des angeforderten Schülernamens die Zeichenfolge ENDE eingegeben, wird die Eingabe der Daten als beendet angesehen.

In einem zweiten Programm werden ausgehend von den Daten in der erstellten Datei alle Schüler ermittelt und auf dem Drucker aufgelistet (die Gerätebezeichnung für den Drucker (= Line Printer) lautet für die benutzte Rechenanlage :LP:), die einen vorzugebenden Kurs oder eine vorzugebende Kombination von maximal 10 Kursen belegt haben. Dabei fordert das Programm für die Kurskombination die Anzahl der darin enthaltenen Kurse sowie die Kurse selbst in der folgenden Reihenfolge an:

    Anzahl l der Kurse $Kurs_1$ $Kurs_2$ ... $Kurs_l$

Wird für die Anzahl l der Wert 0 eingegeben, so wird das Programm beendet.

Die Programme lauten:

```
10   DIM     K$(10)
20   OPEN    '0',#1,'SCHDA'
30   PRINT   'NAME';
40   INPUT   N$
50   IF      N$ = 'ENDE' GO TO 180
60   PRINT   'ANZAHL DER KURSE';
70   INPUT   M
80   FOR     I = 1 TO M
90   PRINT   'KURS(';I;')';
100  INPUT   K$(I)
110  NEXT    I
120  PRINT   #1,N$
130  PRINT   #1,M
140  FOR     I = 1 TO M
150  PRINT   #1,K$(I)
160  NEXT    I
170  GO TO   30
180  PRINT   #1,'ENDE'
190  CLOSE   #1
200  STOP
```

NAME? MUELLER
ANZAHL DER KURSE? 4
KURS(1)? BIO
KURS(2)? LAT
KURS(3)? ENG
KURS(4)? DEU
⋮
NAME? MEIER
ANZAHL DER KURSE? 3
KURS(1)? MAT
KURS(2)? ENG
KURS(3)? DEU
NAME? ENDE

```
10   DIM      K$(10),K1$(10)
20   OPEN     'I',#1,'SCHDA'
30   OPEN     'O',#2,':LP:'
40   PRINT    'ANZAHL AUSZUWERTENDER KURSE';
50   INPUT    L
60   IF       L = 0 GO TO 370
70   FOR      I = 1 TO L
80   PRINT    'KURS(';I;')';
90   INPUT    K1$(I)
100  NEXT     I
110  PRINT    #2,'KURSKOMBINATION:'
120  FOR      I = 1 TO L
130  PRINT    #2,K1$(I);' ';
140  NEXT     I
150  PRINT    #2,' '
160  PRINT    #2,'KURSTEILNEHMER:'
170  INPUT    #1,N$
180  IF       N$ = 'ENDE' GO TO 340
190  INPUT    #1,M
200  FOR      I = 1 TO M
210  INPUT    #1,K$(I)
220  NEXT     I
230  LET      Z=0
240  FOR      J = 1 TO L
250  FOR      I = 1 TO M
260  IF       K1$(J) = K$(I) GO TO 290
270  NEXT     I
280  GO TO    300
290  LET      Z=Z+1
300  NEXT     J
310  IF       Z <> L GO TO 170
320  PRINT    #2,N$
330  GO TO    170
340  CLOSE    #2
350  CLOSE    #1
360  GO TO    20
370  STOP
```

ANZAHL AUSZUWERTENDER KURSE? 2
KURS(1)? DEU
KURS(2)? ENG
ANZAHL AUSZUWERTENDER KURSE? 0

Ausgabe auf Drucker:
KURSKOMBINATION:
DEU ENG
KURSTEILNEHMER:
MUELLER
MEIER

5 Flußdiagramm-Technik

Wie man an den Beispielen in dieser BASIC-Einführung feststellen konnte, wird die Übertragung eines mathematisch formulierten Problems in ein BASIC-Programm umso unübersichtlicher und damit schwieriger, je mehr Sprungbefehle (GO TO) und Verzweigungen (IF - THEN) ein Programm enthält und je umfangreicher es ist.

In solchen Fällen ist es vorteilhaft, den logischen Programmablauf zunächst in Form eines <u>Flußdiagramms</u> unter Verwendung bestimmter graphischer Symbole zu beschreiben. Ein solches Flußdiagramm ist einerseits sehr übersichtlich, es läßt sich andererseits anschließend leicht in die Programmiersprache (hier BASIC) übertragen.

Das Verfahren soll eingehend an einem Beispiel erläutert und demonstriert werden:

Wir suchen die Lösung $x_1, x_2, \ldots, x_n$ des Gleichungssystems

$$a_{11}x_1 + a_{12}x_2 + a_{13}x_3 + \ldots + a_{1n}x_n = r_1$$
$$a_{21}x_1 + a_{22}x_2 + a_{23}x_3 + \ldots + a_{2n}x_n = r_2$$
$$\vdots$$
$$a_{n1}x_1 + a_{n2}x_2 + a_{n3}x_3 + \ldots + a_{nn}x_n = r_n$$

nach dem Gauß'schen Eliminationsverfahren, d.h. wir überführen das Gleichungssystem in das "gestaffelte" System

$$b_{11}x_1 + b_{12}x_2 + b_{13}x_3 + \ldots + b_{1n}x_n = s_1$$
$$b_{22}x_2 + b_{23}x_3 + \ldots + b_{2n}x_n = s_2$$
$$b_{33}x_3 + \ldots + b_{3n}x_n = s_3$$
$$\vdots$$
$$b_{nn}x_n = s_n$$

Die Lösung lautet dann:

$$x_n = \frac{1}{b_{nn}} s_n \quad \text{und} \quad x_i = \frac{1}{b_{ii}} \left(s_i - \sum_{j=i+1}^{n} b_{ij} x_j \right), \quad \text{für } i = n-1, n-2, \ldots, 2, 1$$

Um das gegebene Gleichungssystem in das gestaffelte System zu überführen, wird das Gauß'sche Eliminationsverfahren angewandt. Zur besseren Übersicht wird dabei das Gleichungssystem schematisch dargestellt, indem lediglich die Koeffizienten a_{ij} und die rechte Seite r_i in Anlehnung an die Matrizenschreibweise aufgeführt werden. Wir nehmen an, daß die folgende Umformung der Matrix für ein beliebiges k<n schon erreicht sei, d.h. daß die Koeffizienten unterhalb der Hauptdiagonalen bis zur (k-1)ten Spalte Null sind und damit das gestaffelte System teilweise hergestellt ist:

$$
\begin{array}{c|c}
\begin{array}{ccccccc}
a_{11} & a_{12} & a_{13} & \cdots & a_{1,k-1} & a_{1k} & \cdots & a_{1n} \\
0 & a_{22} & a_{23} & \cdots & a_{2,k-1} & a_{2k} & \cdots & a_{2n} \\
0 & 0 & a_{33} & \cdots & a_{3,k-1} & a_{3k} & \cdots & a_{3n} \\
\vdots & \vdots & \vdots & & \vdots & \vdots & & \vdots \\
 & & & & a_{k-1,k-1} & a_{k-1,k} & \cdots & a_{k-1,n} \\
 & & & & & a_{kk} & \cdots & a_{kn} \\
 & & & & & a_{k+1,k} & \cdots & a_{k+1,n} \\
\vdots & \vdots & \vdots & \vdots & & \vdots & & \vdots \\
0 & 0 & 0 & \cdots & 0 & a_{nk} & \cdots & a_{nn}
\end{array}
&
\begin{array}{c}
r_1 \\ r_2 \\ r_3 \\ \vdots \\ r_{k-1} \\ r_k \\ r_{k+1} \\ \vdots \\ r_n
\end{array}
\end{array}
$$

(k-te Spalte ↓ bei a_{1k}; k-te Zeile → bei a_{kk})

Das Ziel besteht darin, die Koeffizienten $a_{k+1,k}, \ldots, a_{nk}$ der k-ten Spalte unterhalb der Hauptdiagonalen zu Null zu machen, wobei $a_{kk} \neq 0$ sein soll.

Dazu wird nacheinander die k-te Zeile

mit $\dfrac{a_{k+1,k}}{a_{kk}}$ multipliziert und von der (k+1)-ten Zeile subtrahiert,

mit $\dfrac{a_{k+2,k}}{a_{kk}}$ multipliziert und von der (k+2)-ten Zeile subtrahiert,

$\vdots$

mit $\dfrac{a_{nk}}{a_{kk}}$ multipliziert und von der n-ten Zeile subtrahiert.

Dadurch erhält man, wie man sich leicht überzeugt, in der k-ten Spalte unterhalb von a_{kk} lauter Nullen. Man sieht leicht, daß man diesen Eliminationsschritt genau (n-1)-mal wiederholen muß, um ein beliebiges Gleichungssystem mit n Gleichungen auf ein gestaffeltes System zurückzuführen. Die Anzahl der Iterationsschritte beträgt also n-1.

Was geschieht, wenn $a_{kk}=0$ ist? Da man in einem Gleichungssystem die Gleichungen beliebig vertauschen darf, ohne daß sich die Lösung ändert, vertauscht man in unserer Darstellung die k-te Zeile mit einer der darunterstehenden Zeilen. Aus Gründen der Rechengenauigkeit wählt man von der k-ten bis zur n-ten Zeile diejenige aus, für die $|a_{ik}|$ mit i=k,k+1,...,n maximal ist (Suche nach dem betragsmäßig größten Element = "Pivotelement"). Läßt sich kein Pivotelement finden, das von Null verschieden ist, so ist das Gleichungssystem nicht eindeutig lösbar (man sagt, die zugehörige Matrix A ist singulär). Diesen Fall sieht man einem Gleichungssystem nicht von vornherein an, er muß also im Programmablauf berücksichtigt werden. Allerdings darf man auf Grund der Rundungsfehler das Pivotelement a_{kk} nicht mit Null vergleichen, sondern man prüft, ob

$$\left|\frac{a_{kk}}{a_{11}}\right| < \varepsilon \text{ ist, wobei z.B. } \varepsilon = 10^{-4} \text{ gewählt wird.}$$

Ist dies der Fall, dann wird die Matrix als singulär betrachtet, anderenfalls rechnet man normal weiter.

Schließlich muß noch, nachdem das Gleichungssystem in das gestaffelte System überführt wurde, das letzte Diagonalelement a_{nn} überprüft werden, ob es Null ist. Falls

$$\left|\frac{a_{nn}}{a_{11}}\right| < \varepsilon \text{ ist,}$$

wird a_{nn} als Null angesehen und die Matrix als singulär.

Um das entsprechende Problem der Lösung eines linearen Gleichungssystems (hier mit 3 Unbekannten, also n=3) unter Berücksichtigung der oben genannten Fälle zu programmieren, erstellen wir zunächst das folgende Flußdiagramm:

```
           START
             │
             ▼
      ┌──────────────┐
      │ n:=3         │
      │ ε:=10⁻⁴      │
      └──────────────┘
             │
             ▼
      ┌──────────────┐
      │  Eingabe     │
      │ von A und R  │
      └──────────────┘
             │
             ▼
      ┌──────────────┐
      │  k:=1        │
      └──────────────┘
             │
             ▼
      ┌──────────────┐
      │ Pivotelement │
      │   suchen     │
      └──────────────┘
             │
             ▼
      ┌──────────────┐
      │ Zeilenver-   │
      │ tauschung    │
      └──────────────┘
             │
             ▼
        ╱ |a_kk/a_11| ╲  ──ja──▶  Ausgabe
        ╲    < ε ?    ╱          'MATRIX SINGULAER'
             │                         │
            nein                      STOP
             ▼
      ┌──────────────┐
      │ Eliminations-│
      │   schritt    │
      └──────────────┘
             │
             ▼
      ┌──────────────┐
      │  k:=k+1      │
      └──────────────┘
             │
             ▼
   ja ◀── ╱ k≤n-1? ╲ ──nein──▶ ╱ |a_nn/a_11| ╲ ──ja──▶ (zurück zu 'MATRIX SINGULAER')
                                ╲    < ε ?    ╱
                                      │
                                     nein
                                      ▼
                              ┌──────────────┐
                              │ x_1,...,x_n  │
                              │  bestimmen   │
                              └──────────────┘
                                      │
                                      ▼
                              ┌──────────────┐
                              │   Lösung     │
                              │   ausgeben   │
                              └──────────────┘
                                      │
                                     STOP
```

Hierbei wurde die Logik des Programms in einzelne Abschnitte aufgeteilt, jeder Abschnitt und jeder entscheidende Schritt wird in diesem Ablauf- oder Fluß-Diagramm durch ein Symbol dargestellt. Die einzelnen Symbole sind durch Pfeile miteinander verbunden, welche die Ablaufrichtung bei der Ausführung des Programms kennzeichnen.

Die folgenden Symbole sind mit jeweils genau festgelegten Bedeutungen gebräuchlich:

START oder STOP eines Programms.

Wertzuweisung (LET-Anweisung); falls mehrere Wertzuweisungen im Ablauf des Programms unmittelbar aufeinander folgen, können sie in einem Kästchen zusammengefaßt werden. Innerhalb des Wertzuweisungssymbols wird das Zeichen := dazu benutzt, um kenntlich zu machen, daß der rechts von diesem Zeichen stehende Ausdruck der links stehenden Größe zugewiesen wird (keine Gleichheit im mathematischen Sinne, z.B. k:=k+1). Anstelle von Wertzuweisungen wird häufig deren Funktion verbal beschrieben.

Verzweigung (IF-THEN-Anweisung); der Ausgang, der gewählt werden soll, wenn die angegebene Bedingung erfüllt ist, wird jeweils mit "ja" bezeichnet und wird i.a. seitlich angebracht. Der Ausgang bei Nichterfüllung der Bedingung wird mit "nein" bezeichnet.

Aufruf eines Unterprogramms (GO SUB-Anweisung bzw. Aufruf einer durch DEF-Anweisung definierten Funktion).

Ein/Ausgabe-Anweisung (INPUT- bzw. PRINT-Anweisung).

Übergangsstelle; dient zur Verbindung von mehreren Seiten eines Flußdiagramms und zur Verbindung von unterbrochenen Linien.

Flußlinie; dient zur Kennzeichnung der Richtung des logischen Ablaufs.

Das Flußdiagramm für das obige Problem kann - unter Verwendung der gleichen Symbole - auch ausführlich in einer Weise erstellt werden, in der sich praktisch jede einzelne Anweisung des zu erstellenden Programms im Flußdiagramm unmittelbar wiederspiegelt:

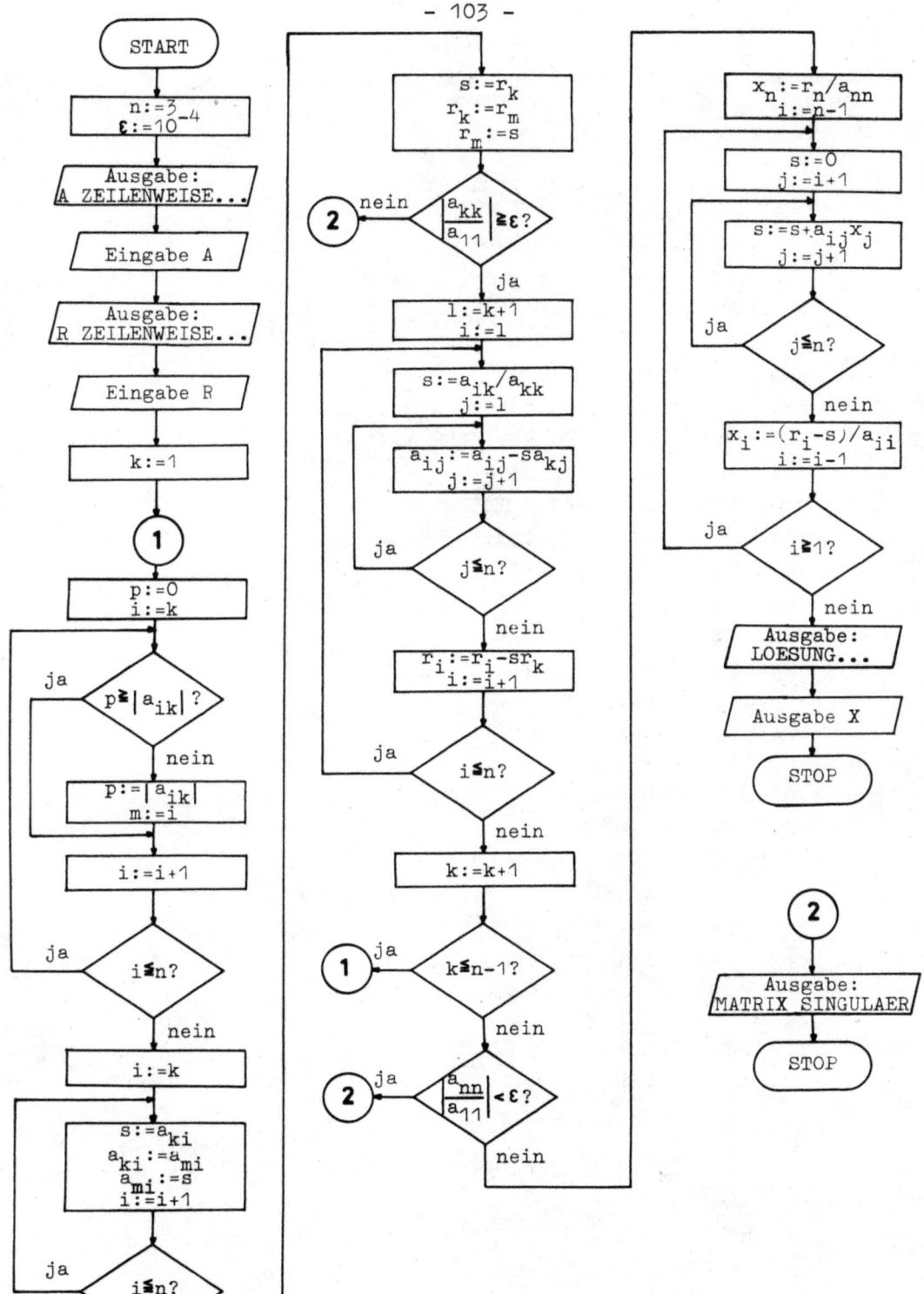

Das entsprechende BASIC-Programm kann nun aufgrund des Flußdiagramms leicht erstellt werden und lautet dann folgendermaßen:

```
10    DIM    A(3,3),R(3),X(3)
20    LET    N=3
30    LET    E=1.E-4
40    PRINT  'A ZEILENWEISE EINGEBEN'
50    MAT    INPUT A
60    PRINT  'R EINGEBEN'
70    MAT    INPUT R
80    FOR    K = 1 TO N-1 STEP 1
90    LET    P=0
100   FOR    I = K TO N STEP 1
110   IF     P >= ABS(A(I,K)) THEN 140
120   LET    P=ABS(A(I,K))
130   LET    M=I
140   NEXT   I
150   FOR    I = K TO N STEP 1
160   LET    S=A(K,I)
170   LET    A(K,I)=A(M,I)
180   LET    A(M,I)=S
190   NEXT   I
200   LET    S=R(K)
210   LET    R(K)=R(M)
220   LET    R(M)=S
230   IF     ABS (A(K,K)/A(1,1)) >= E THEN 260
240   PRINT  'MATRIX SINGULAER'
250   STOP
260   LET    L=K+1
270   FOR    I = L TO N STEP 1
280   LET    S=A(I,K)/A(K,K)
290   FOR    J = L TO N STEP 1
300   LET    A(I,J)=A(I,J)-S*A(K,J)
310   NEXT   J
320   LET    R(I)=R(I)-S*R(K)
330   NEXT   I
340   NEXT   K
350   IF     ABS(A(N,N)/A(1,1)) < E THEN 240
```

```
360   LET    X(N)=R(N)/A(N,N)
370   FOR    I = N-1 TO 1 STEP -1
380   LET    S=0
390   FOR    J = I+1 TO N STEP 1
400   LET    S=S+A(I,J)*X(J)
410   NEXT   J
420   LET    X(I)=(R(I)-S)/A(I,I)
430   NEXT   I
440   PRINT  'LOESUNG DES GLEICHUNGS-SYSTEMS'
450   MAT    PRINT X
460   STOP
```

A ZEILENWEISE EINGEBEN
?3,5,1
?2,4,5
?1,2,2

R EINGEBEN
?4,-9,-3

LÖSUNG DES GLEICHUNGS-SYSTEMS
-9.99977E-01
 1.99999
-3.00000

Man sieht an diesem Beispiel, daß es eine große Erleichterung beim Programmieren sein kann, wenn man die logischen Zusammenhänge eines Problems zunächst in Form eines übersichtlichen, je nach Wunsch mehr oder weniger ausführlichen Flußdiagramms darstellt und erst danach mit der Übertragung des Flußdiagramms in ein Programm (hier in ein BASIC-Programm) beginnt. Verglichen mit der direkten Erstellung eines Programms von einem Formelplan her läßt sich ein komplexes Problem erfahrungsgemäß viel schneller und mit wesentlich weniger Fehlern mit Hilfe eines ausführlichen Flußdiagramms erstellen. Auch beim Austesten eines noch fehlerhaften Programms ist ein Flußdiagramm sehr nützlich. Ein weiterer Vorteil eines Flußdiagramms ist ferner die Tatsache, daß es unabhängig von der speziellen verwendeten Programmiersprache ist; das obige Problem der Lösung eines linearen Gleichungssystems könnte, ausgehend von dem gleichen Flußdiagramm, ebenso einfach in eine andere Programmiersprache übertragen werden.

6 Beispiele

6.1 Primfaktorzerlegung einer natürlichen Zahl

Es sollen sämtliche Primfaktoren einer natürlichen Zahl n berechnet werden. Da die Primzahlen in diesem Programm nicht als bekannt vorausgesetzt werden sollen, wird für alle Zahlen k=2,3,5,7,9,... untersucht, ob sie einfach oder mehrfach in der Zahl n enthalten sind. Ist eine Zahl k in n (mehrfach) enthalten, wird n (mehrfach) durch k dividiert; es muß dann lediglich der verbleibende Quotient (der wiederum mit n bezeichnet wird) weiter geprüft werden. Ist k^2 größer als der verbleibende Quotient, kann kein weiterer Primfaktor daraus abspaltbar sein, die weitere Suche kann dann vorzeitig abgebrochen werden und n ist der letzte Primfaktor. Sonst wird die Suche abgebrochen, wenn n=1 ist, d.h. alle Primfaktoren abgespalten sind.

Die Prüfung, ob k=2 als Primfaktor in n enthalten ist, muß vorweg gesondert erfolgen; die Prüfung für k=3,5,7,... kann danach in einer Schleife durchgeführt werden.

In beiden Programmteilen muß geprüft werden, ob k als Primfaktor in n (einmal oder auch mehrfach) enthalten ist. Diese Prüfung kann als Unterprogramm geschrieben werden, das von zwei Punkten im Programm aus aufgerufen wird.

Das nachfolgende Programm soll für n=94668=$2^3 \cdot 3 \cdot 7^3 \cdot 23$ getestet werden.

```
100 REM     PRIMFAKTORZERLEGUNG EINER NATUERLICHEN ZAHL N
110 PRINT 'BITTE N EINGEBEN'
120 INPUT N
130 PRINT 'PRIMFAKTORZERLEGUNG VON';N;':'
140 REM     ABSPALTUNG DES PRIMFAKTORS 2
150 LET    K=2
160 GO SUB 280
170 IF     N = 1 THEN 270
180 REM     ABSPALTUNG DER PRIMFAKTOREN >= 3
190 LET    K=3
200 IF     K**2 > N THEN 250
210 GO SUB 280
220 IF     N = 1 THEN 270
230 LET    K=K+2
```

```
240 GO TO 200
250 REM    N IST PRIMZAHL (K**2 > N)
260 PRINT N
270 STOP
280 REM    UNTERPROGRAMM ZUR GGF. WIEDERHOLTEN ABSPALTUNG
290 REM    EINES PRIMFAKTORS K AUS DER ZAHL N
300 IF   N/K <> INT(N/K) THEN 340
310 PRINT K;
320 LET   N=N/K
330 GO TO 300
340 RETURN

BITTE N EINGEBEN
?94668
PRIMFAKTORZERLEGUNG VON   94668 :
  2  2  3  7  7  7  23
```

6.2 Größter gemeinsamer Teiler zweier Zahlen (Euklidscher Algorithmus)

Es soll der größte gemeinsame Teiler zweier beliebiger natürlicher Zahlen a und b bestimmt werden.

Ohne Einschränkung der Allgemeinheit kann $a \geq b$ angenommen werden (ggf. müssen a und b vertauscht werden). Nach EUKLID erhält man dann den größten gemeinsamen Teiler von a und b auf folgende Weise:

Man dividiert a durch b und erhält den Rest r_1
Anschließend dividiert man b durch r_1 und erhält den Rest r_2
Anschließend dividiert man r_1 durch r_2 und erhält den Rest r_3
$\vdots$
Anschließend dividiert man r_{n-2} durch r_{n-1} und erhält den Rest r_n

Das Verfahren endet mit dem erstmaligen Auftreten eines Divisionsrestes = 0; der bei dieser Division verwendete Divisor ist der größte gemeinsame Teiler der beiden Zahlen a und b; wenn also $r_1 \neq 0, \ldots, r_{n-1} \neq 0$ und $r_n = 0$, dann ist r_{n-1} der größte gemeinsame Teiler von a und b.

Anmerkung: Das geschilderte Verfahren ist auch für a=b gültig; dann wird $r_1 = 0$ und der Divisor b ist der größte gemeinsame Teiler von a und b(=a).

Es soll der größte gemeinsame Teiler von 513 und 351 berechnet werden.

Das Programm lautet:

```
100 REM     GROESSTER GEMEINSAMER TEILER ZWEIER ZAHLEN
110 PRINT 'A UND B EINGEBEN'
120 INPUT A,B
130 IF      A >= B THEN 180
140 REM     VERTAUSCHUNG VON A UND B, FALLS A < B
150 LET     X=A
160 LET     A=B
170 LET     B=X
180 REM     INITIALISIERUNG VON X UND Y
190 LET     X=A
200 LET     Y=B
210 REM     BESTIMMUNG DES DIVISIONSRESTES R
220 LET     R=X-Y*INT(X/Y)
230 IF      R = 0 THEN 280
240 REM     DIVISIONSREST R UNGLEICH 0
250 LET     X=Y
260 LET     Y=R
270 GO TO 210
280 REM     DIVISIONSREST R IST GLEICH 0
290 PRINT 'DER GROESSTE GEMEINSAME TEILER VON';A;
300 PRINT 'UND';B;'IST';Y
310 STOP

A UND B EINGEBEN
?351,513
DER GROESSTE GEMEINSAME TEILER VON  513  UND  351  IST  27
```

6.3 Berechnung der Zahl π

Die Zahl π läßt sich dadurch bestimmen, daß man für einen Kreis mit dem Radius r ein- und umbeschriebene Vielecke bildet. Für den Flächeninhalt F des Kreises erhält man durch die Fläche E_n der einbeschriebenen und durch die Fläche U_n der umbeschriebenen Vielecke untere und obere Schranken. Dabei bedeutet n die Anzahl der Ecken der Vielecke. Startet man mit einem Quadrat und verdoppelt in jedem Schritt die Anzahl der Ecken, so gilt $n=4\cdot 2^m$ für $m=0,1,2,\ldots$. Bezeichnet man mit s_n die Seitenlänge des einbeschriebenen n-Ecks, so gilt für m=0:

$$s_4 = r\sqrt{2} \qquad E_4 = 2r^2 < F < 4r^2 = U_4 ,$$

und für jeden weiteren Schritt gilt

$$s_n = r\sqrt{2 - \sqrt{4 - (\frac{s_{n/2}}{r})^2}}$$

$$E_n = \frac{1}{4}nrs_n\sqrt{4-s_n^2} < F < \frac{nrs_n}{\sqrt{4-s_n^2}} = U_n \quad \text{für } n=4\cdot 2^m \text{ ; } m=1,2,\ldots$$

Setzt man zur Abkürzung

$$q_n = \frac{s_n}{r} \qquad x_n = \frac{E_n}{r^2} \qquad y_n = \frac{U_n}{r^2} \qquad \pi = \frac{F}{r^2}$$

so erhält man für m=0:

$$q_4 = 2 \qquad x_4 = 2 < \pi < 4 = y_4$$

Für jeden weiteren Schritt ergibt sich dann:

$$q_n = \sqrt{2 - \sqrt{4 - q_{n/2}^2}}$$

$$x_n = \frac{1}{4}nq_n\sqrt{4-q_n^2} < \pi < \frac{nq_n}{\sqrt{4-q_n^2}} = y_n \quad \text{für } n=4\cdot 2^m \text{ ; } m=1,2,\ldots$$

Dieser Formelplan wird nun in ein BASIC-Programm umgesetzt. Das Programm soll nacheinander die Werte n, x_n, y_n für $m=1,2,\ldots,k$ ausdrucken.

Das Programm lautet:

```
10  INPUT  K
20  LET    N=4
30  LET    X=2
40  LET    Y=4
50  LET    Q0=SQR(2)
60  PRINT  N,X,Y
70  FOR    M = 1 TO K STEP 1
80  LET    N=N*2
90  LET    Q1=SQR(2-SQR(4-Q0*Q0))
100 LET    Z=SQR(4-Q1*Q1)
110 LET    X=0.25*Q1*N*Z
120 LET    Y=Q1*N/Z
130 PRINT  N,X,Y
140 LET    Q0=Q1
150 NEXT   M
160 STOP
?20
      4 2        4
      8 2.82842  3.31371
     16 3.06147  3.18261
     32 3.12147  3.15176
     64 3.13665  3.14422
    128 3.14088  3.14278
    256 3.14221  3.14269
    512 3.14239  3.14251
      :    :        :
```

Anmerkung: Man erkennt, daß bei einem 128-Eck die größte Genauigkeit erreicht ist. Bei Erhöhung der Eckanzahl wird das Ergebnis auf Grund der Rundungsfehler wieder ungenau.

6.4 Extremwerte einer Funktion

Es sollen das Maximum m_1 und das Minimum m_2 einer Funktion $y=f(x)$ im Intervall $[a,b]$ numerisch bestimmt werden.

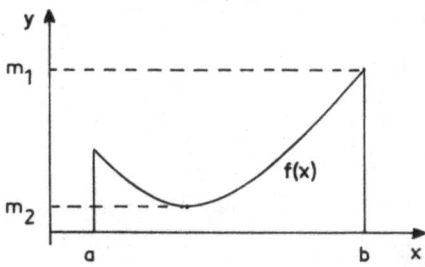

Das Intervall $[a,b]$ wird in n gleiche Teile der Länge $h=\frac{b-a}{n}$ unterteilt. Sodann werden an den Stellen $x_i=a+ih$, $i=0,1,2,\ldots,n$ die Funktionswerte $f(x_i)$ bestimmt und aus dieser Zahlenfolge maximaler und minimaler Zahlenwert ausgewählt. Das ergibt eine Näherung für die gesuchten Werte m_1 und m_2.

Der zum Ziel führende Algorithmus ist der folgende:
Ausgehend von der Stelle $x=a$ wird $f(a)$ berechnet und $m_1=f(a)$, $m_2=f(a)$ gesetzt. Danach werden $x=a+h$ und $f(x)$ bestimmt. Dann sind 3 einander ausschließende Fälle möglich:

1. $m_1 < f(x)$; dann wird $m_1=f(x)$ gesetzt, m_2 bleibt unverändert.
2. $m_2 > f(x)$; dann wird $m_2=f(x)$ gesetzt, m_1 bleibt unverändert.
3. $m_1 \geq f(x) \geq m_2$; m_1 und m_2 bleiben unverändert.

Mit $x=a+2h$, $x=a+3h,\ldots$ wird das Verfahren n-mal wiederholt, und die dann zuletzt erhaltenen Werte m_1 und m_2 sind Näherungswerte für das gesuchte Maximum und Minimum.

Für die Funktion $y=x^2-4x+1$ und $[a,b]=[0.3,4.7]$ soll das Verfahren für beliebiges n getestet werden (für n=0 soll das Programm abgebrochen werden). Exakt ergibt sich $m_1=4.29$ und $m_2=-3$.

Das Programm lautet:

```
100 REM    MINIMUM UND MAXIMUM EINER FUNKTION
110 DEF    FNF(X)=X*X-4*X+1
120 PRINT  'EINGABE VON A,B'
130 INPUT  A,B
140 PRINT  'EINGABE VON N'
150 INPUT  N
160 LET    M1=FNF(A)
170 LET    M2=M1
```

```
180 IF    N = 0 THEN 320
190 LET   H=(B-A)/N
200 FOR   I = 1 TO N STEP 1
210 LET   X=A+I*H
220 LET   Y=FNF(X)
230 IF    M1 < Y THEN 280
240 IF    M2 > Y THEN 260
250 GO TO 290
260 LET   M2=Y
270 GO TO 290
280 LET   M1=Y
290 NEXT  I
300 PRINT 'N=',N,'MAX=',M1,'MIN=',M2
310 GO TO 150
320 STOP

EINGABE VON A,B
?0.3,4.7
EINGABE VON N
?10
N=   10 MAX=    4.29000   MIN=   -2.99640
?100
N=  100 MAX=    4.29000   MIN=   -2.99974
```

Anmerkung: Das Programm ist so allgemein geschrieben, daß durch Auswechseln der Anweisung 110 auch beliebige Funktionen untersucht werden können.

6.5 Grenzwert einer Folge von Differenzenquotienten

Gegeben sei eine Funktion $y=f(x)$ und ein fester Punkt $P_0(x_0,f(x_0))$. Für beliebiges $h>0$ wird der linksseitige Differenzenquotient

$$l=l(x_0,h)=\frac{f(x_0)-f(x_0-h)}{h}$$

und der rechtsseitige Differenzenquotient

$$r=r(x_0,h)=\frac{f(x_0+h)-f(x_0)}{h}$$

gebildet. Der Wert von l bedeutet geometrisch die Steigung der Sekanten durch die Punkte $P_1(x_0-h,f(x_0-h))$ und $P_0(x_0,f(x_0))$, der Wert r die Steigung der Sekanten durch die Punkte $P_0(x_0,f(x_0))$ und $P_2(x_0+h,f(x_0+h))$. Falls die beiden Grenzwerte

$$\lim_{h\to 0} l(x_0,h) \quad \text{und} \quad \lim_{h\to 0} r(x_0,h)$$

existieren und gleich sind, wird dieser gemeinsame Grenzwert als 1. Ableitung der Funktion $y=f(x)$ im Punkte $P(x_o,f(x_o))$ bezeichnet. Geometrisch bedeutet dieser Grenzwert die Steigung der Tangente im Punkt $P(x_o,f(x_o))$.

Diese Grenzwertbildung soll numerisch nachvollzogen werden. Dazu werden nach Vorgabe von x_o, $y=f(x)$, $h>0$ und $n>0$ die Werte l und r nacheinander durch Intervallhalbierung für $h, \frac{h}{2}, \frac{h}{2^2}, \ldots, \frac{h}{2^n}$ berechnet und ausgegeben.

Das nachfolgende Programm soll für die Funktion $y=x^2$ und $h=1$, $x_o=1$ und $n=10$ getestet werden. Der exakte Wert für die 1. Ableitung ist $y'(1)=2$

```
100 REM     FOLGE VON DIFFERENZENQUOTIENTEN
110 DEF     FNF(X)=X*X
120 PRINT   'EINGABE VON XO,H,N'
130 INPUT   XO,H,N
140 PRINT   'H','L','R'
150 FOR     I = 0 TO N STEP 1
160 LET     L=(FNF(XO)-FNF(XO-H))/H
170 LET     R=(FNF(XO+H)-FNF(XO))/H
180 PRINT   H,L,R
190 LET     H=H/2
200 NEXT    I
210 STOP
```

EINGABE VON XO,H,N
?1,1,10

H	L	R
1	1	3
.500000	1.50000	2.50000
.250000	1.75000	2.25000
.125000	1.87500	2.12500
6.25000E-02	1.93750	2.06250
3.12500E-02	1.96875	2.03125
1.56250E-02	1.98438	2.01563
7.81250E-03	1.99219	2.00781
3.90625E-03	1.99609	2.00391
1.95313E-03	1.99805	2.00195
9.76563E-04	1.99902	2.00098

6.6 Graph einer analytischen Funktion

Es soll der Graph einer vorzugebenden analytischen Funktion $y=f(x)$ gezeichnet werden, wobei das Intervall $[a,b]$ und die Schrittweite h, für die der Funktionsverlauf zu berechnen und auszugeben ist, frei wählbar sein sollen. Der Maßstab der y-Achse soll durch Eingabe der unteren und oberen Grenze (u bzw. o) für die graphische Ausgabe festgelegt werden (Ermittlung der Grenzen ggf. mit Hilfe von Beispiel (6.4)).

Die Funktionswerte $f(x)$ werden an den Stellen $x=a, a+h, a+2h, \ldots, b$ berechnet und ausgegeben. Für die Druckausgabe sollen für das Intervall $[u,o]$ 41 Druckpositionen zur Verfügung gestellt werden. Als Druckposition für den Funktionswert $f(x)$ ergibt sich

$$p = \left[\frac{f(x)-u}{o-u}\right] \cdot 40 + 1.5$$

indem das Intervall $[u,o]$ und der Teilpunkt $f(x)$ über den Strahlensatz in das Druckpositionenintervall $[1,41]$ und die $f(x)$ entsprechende Druckposition p abgebildet werden. Liegt der Funktionswert außerhalb des Intervalls $[u,o]$, so soll in die 1. bzw. 41. Druckposition ein vom sonst verwendeten Darstellungssymbol (*) abweichendes Darstellungssymbol (.) verwendet werden.

Das Verfahren soll für die gedämpfte Schwingung (z.B. Galvanometerschwingung, gedämpfte Feder usw.)

$$y=f(t)=a_0 \cdot e^{-\delta t} \cdot \sin(\omega t + \gamma_0)$$

mit den folgenden Werten durchgeführt werden: Dämpfung $\delta=0.2$/sec, Eigenfrequenz $\omega=1.5$/sec, Anfangswerte $a_0=15$cm, $\gamma_0=90°$
Als Funktion muß also im BASIC-Programm definiert werden:

$$f(x)=15 \cdot e^{-0.2x} \cdot \sin(1.5x+1.5708)$$

Das nachfolgende Programm soll für $[a,b]=[0,10]$, $h=0.4$ und $[u,o]=[-15,15]$ durchgeführt werden.

```
100 REM     GRAPH EINER ANALYTISCHEN FUNKTION
110 DEF     FNA(X)=15*EXP(-0.2*X)*SIN(1.5*X+1.5708)
120 PRINT   'EINGABE DER WERTE A,B,H,U,O'
130 INPUT   A,B,H,U,O
140 REM     AUSGABE DER Y-ACHSE, INITIALISIERUNG VON X
150 PRINT   TAB(17);U;TAB(55);O
160 PRINT   TAB(17;'+--------------------+--------------------+'
170 LET     X=A
```

```
180 REM     BERECHNUNG UND AUSGABE VON Y UND P FUER AKTUELLES X
190 LET     P=INT((FNA(X)-U)/(O-U)*40+1.5)
200 IF      P < 1 THEN 240
210 IF      P > 41 THEN 260
220 PRINT   X;TAB(P+16);'*'
230 GO TO 270
240 PRINT   X;TAB(17);'.'
250 GO TO 270
260 PRINT   X;TAB(57);'.'
270 LET     X=X+H
280 IF      X <= B THEN 190
290 STOP
```

EINGABE DER WERTE A,B,H,U,O
?0,10,0.4,-15,15

```
                        -15                                  15
                        +-------------------+-------------------+
0                                                              *
0.400000                                                    *
0.800000                                                *
1.200000                                        *
1.600000                        *
2.000000                    *
2.400000                     *
2.800000                         *
3.200000                                 *
3.600000                                     *
4.000000                                         *
4.400000                                        *
4.800000                                     *
5.200000                             *
5.600000                         *
6.000000                       *
6.400000                       *
6.800000                        *
7.200000                          *
7.600000                            *
8.000000                              *
8.400000                               *
8.800000                              *
9.200000                            *
9.600000                          *
10.00000                        *
```

6.7 Nullstellenbestimmung für Polynome (Newton-Verfahren)

Mit Hilfe des Horner-Schemas lassen sich der Funktionswert $f(x_i)$ und der Wert der 1. Ableitung $f'(x_i)$ eines Polynoms

$$f(x)=a_0+a_1x+a_2x^2+\ldots+a_nx^n$$

an der Stelle $x=x_i$ wie folgt berechnen:

	a_n	a_{n-1}	a_2	a_1	a_0
	-	$x_i b_n$	$x_i b_3$	$x_i b_2$	$x_i b_1$
$x=x_i$	$b_n=a_n$	$b_{n-1}=a_{n-1}+x_i b_n$	$b_2=a_2+x_i b_3$	$b_1=a_1+x_i b_2$	$\underline{b_0=a_0+x_i b_1}$
	-	$x_i c_n$	$x_i c_3$	$x_i c_2$	
$x=x_i$	$c_n=b_n$	$c_{n-1}=b_{n-1}+x_i c_n$	$c_2=b_2+x_i c_3$	$\underline{c_1=b_1+x_i c_2}$	

Danach ergibt sich für den Funktionswert $f(x_i)=b_0$ und für die 1. Ableitung $f'(x_i)=c_1$.
Ist x_i ein Näherungswert für eine Nullstelle x^* des Polynoms $f(x)$, so erhält man - unter gewissen Voraussetzungen - einen verbesserten Näherungswert x_{i+1} nach der Vorschrift (Newton-Verfahren):

$$x_{i+1}=x_i-\frac{f(x_i)}{f'(x_i)} \qquad i=1,2,\ldots$$

Die Konvergenz des Newton-Verfahrens kann nur dann allgemein nachgewiesen werden, wenn in einer Umgebung der Nullstelle x^* gilt:

$$\frac{|f''(x)\cdot f(x)|}{|f'(x)^2|}<1$$

Diese Voraussetzung ist häufig nicht ohne weiteres nachweisbar. Deshalb hilft man sich damit, daß man zwei aufeinanderfolgende Näherungswerte x_i und x_{i+1} miteinander vergleicht:

Gilt dann für eine beliebig vorgebbare Genauigkeitsschranke ε

$$|x_{i+1}-x_i| = \frac{|f(x_i)|}{|f'(x_i)|} < \varepsilon$$

so soll das Verfahren beendet werden. Der Wert x_{i+1} ist dann Näherungswert für die gesuchte Nullstelle x*.

Es soll ein Programm geschrieben werden, welches für ein Polynom 3. Grades nach o.a. Verfahren einen Näherungswert x_{i+1} für eine Nullstelle x* berechnet.

Eingegeben werden sollen <u>einmal</u> zu Programmbeginn die Koeffizienten a_0, a_1, a_2, a_3 und beliebig oft ein Startwert x_1 und die gewünschte Genauigkeit ε (falls x_1=0 und ε=0 sind, soll der Programmablauf beendet werden).

Bei jedem Iterationsschritt sollen $i, x_i, f(x_i), f'(x_i), f(x_i)/f'(x_i)$ sowie der verbesserte Wert x_{i+1} ausgegeben werden. Ist die gewünschte Genauigkeit nach 10 Iterationsschritten nicht erreicht, soll eine entsprechende Meldung ausgegeben und der weitere Iterationsprozeß für diesen Startwert abgebrochen werden.
Das Programm lautet:

```
10   DIM    A(4)
20   LET    N=3
30   PRINT  'KOEFFIZIENTEN A(0),...,A(',N,') EINGEBEN'
40   MAT    INPUT A
50   PRINT  'ANFANGSWERT X1 EINGEBEN'
60   INPUT  X1
70   PRINT  'GENAUIGKEIT EPSILON EINGEBEN'
80   INPUT  E
90   IF     X1 <> 0 THEN 120
100  IF     E <> 0 THEN 120
110  STOP
120  FOR    I = 1 TO 10 STEP 1
130  LET    B=A(N+1)
140  LET    C=B
150  IF     N = 1 THEN 200
160  FOR    J = N TO 2 STEP -1
170  LET    B=A(J)+X1*B
180  LET    C=B+X1*C
190  NEXT   J
```

```
200 LET    B=A(1)+X1*B
210 LET    X2=X1-B/C
220 PRINT  I,X1,B,C,B/C,X2
230 LET    X1=X2
240 IF     ABS(B/C) < E THEN 280
250 NEXT   I
260 PRINT  'GEWUENSCHTE GENAUIGKEIT ',E,' NICHT ERREICHT'
270 GO TO 50
280 PRINT  'GEWUENSCHTE GENAUIGKEIT ',E,' ERREICHT'
290 PRINT  'DER LOESUNGSWERT IST X=',X2
300 GO TO 50
```

KOEFFIZIENTEN A(0),...,A(3) EINGEBEN
?-5,3,-1,2

ANFANGSWERT X1 EINGEBEN
?0

GENAUIGKEIT EPSILON EINGEBEN
?1.0E-3

```
1 0         -5           3             -1.66667    1.66667
2 1.66667   6.48147      1.63333E+01   3.96825E-01 1.26984
3 1.26984   1.29225      1.01353E+01   1.27500E-01 1.14234
4 1.14234   1.03448E-01  8.54496       1.21063E-02 1.13023
5 1.13023   8.48770E-04  8.40409       1.00995E-04 1.13013
```

GEWUENSCHTE GENAUIGKEIT 1.00000E-03 ERREICHT
DER LOESUNGSWERT IST X= 1.13013

ANFANGSWERT X1 EINGEBEN
?1
⋮

Anmerkung: Das Programm ist so allgemein geschrieben, daß die Nullstellen von Polynomen mit beliebigem Grad n $\geq$ 1 berechnet werden können. Jedoch müssen jeweils dem Polynomgrad entsprechend die Anweisungen 10 und 20 geändert werden. Z.B. ergibt sich für n=8 die folgende Änderung:

```
10 DIM    A(9)
20 LET    N=8
```

6.8 Lösung einer Gleichung durch einfache Iteration

Es soll die Lösung der Gleichung

$$x^2+\ln(\tfrac{x}{10})=0$$

iterativ berechnet werden. Die linke Seite dieser Gleichung ist eine Funktion f(x), so daß das allgemeine Problem darin besteht, eine oder auch mehrere Lösungen der Gleichung f(x)=0 zu bestimmen. Dazu bringt man die Gleichung f(x)=0 auf die Form x=g(x). Diese Umformung ist stets möglich, z.B. durch Addition von x auf beiden Seiten der Gleichung f(x)=0. Mit der Gleichung x=g(x) berechnet man nun - ausgehend von einem Näherungswert x_1 für eine Lösung x* - nacheinander die Werte $x_2=g(x_1)$, $x_3=g(x_2)$,... Gilt nun in einer Umgebung von x*, in der auch x_1 liegt, $|g'(x)|<1$, so konvergiert die Folge der Zahlen $x_1,x_2,...$ gegen die gesuchte Lösung x*. Dieses Verfahren wird nun auf obige Gleichung angewandt. Dazu formt man die Gleichung um in:

$$x=\sqrt{-\ln(\tfrac{x}{10})}$$

Im Intervall [1,2] , in dem die gesuchte Lösung x* liegt, ist die Konvergenzbedingung

$$|g'(x)| = \left|\frac{-1}{2x\sqrt{-\ln(\tfrac{x}{10})}}\right| < 1$$

erfüllt, so daß das Iterationsverfahren angewandt werden kann. Das Iterationsverfahren soll abgebrochen werden, wenn für eine vorgegebene Genauigkeitsschranke ε für zwei aufeinanderfolgende Näherungswerte x_i und x_{i+1} gilt $|x_{i+1}-x_i|<\varepsilon$, oder wenn maximal 20 Iterationsschritte durchgeführt sind. Der Wert x_{i+1} ist dann Näherungswert für die gesuchte Lösung x*. Das Programm soll nach jedem Iterationsschritt die Schrittnummer i und die Werte x_i, $x_{i+1}=g(x_i)$ sowie die Differenz $|x_{i+1}-x_i|$ ausgeben.
Das BASIC-Programm lautet:

```
10   LET    X1=1.5
20   LET    E=1.0E-5
30   LET    N=20
```

```
40  FOR   I = 1 TO N STEP 1
50  LET   X2=SQR(-LOG(X1/10))
60  LET   D=ABS(X2-X1)
70  PRINT I,X1,X2,D
80  IF    D < E THEN 130
90  LET   X1=X2
100 NEXT  I
110 PRINT 'GEWUENSCHTE GENAUIGKEIT ',E,' NICHT ERREICHT'
120 STOP
130 PRINT 'GEWUENSCHTE GENAUIGKEIT ',E,' ERREICHT'
140 PRINT 'DER LOESUNGSWERT IST X=',X2
150 STOP
```

```
1  1.50000  1.37736  1.22641E-01
2  1.37736  1.40798  3.06234E-02
3  1.40798  1.40015  7.83062E-03
4  1.40015  1.40214  1.99032E-03
5  1.40214  1.40164  5.07355E-04
6  1.40164  1.40176  1.29700E-04
7  1.40176  1.40173  3.33786E-05
8  1.40173  1.40174  8.58307E-06

GEWUENSCHTE GENAUIGKEIT  1.00000E-05  ERREICHT
DER LOESUNGSWERT IST X= 1.40174
```

6.9 Numerische Integration (Trapezregel)

Es soll das Integral

$$\int_a^b f(x)\,dx$$

numerisch berechnet werden. Ersetzt man den Integranden $f(x)$ durch einen Polygonzug, so ergibt sich als Näherung für das Integral (Trapez-Regel)

$$\int_a^b f(x)\,dx = h\left(\frac{1}{2}(f(a)+f(b)) + \sum_{i=1}^{n-1} f(a+ih)\right) + R = T + R$$

mit dem Verfahrensfehler R, für den die Abschätzung

$$|R| \leq \frac{(b-a)^3}{12n^2} \cdot \max_{x \in [a,b]} |f''(x)|$$

gilt.

Dabei ist $h=\frac{b-a}{n}$ die Schrittweite bei der Zerlegung des Integrationsintervalles [a,b] in n gleich lange Teilintervalle. Die Fehler, um den der exakte Wert eines Integrals vom näherungsweise berechneten Wert T abweicht, nimmt also mit zunehmender Anzahl n der Teilintervalle quadratisch ab. Man kann damit n so bestimmen, daß das Integral bis auf einen vorgebbaren Fehler ε exakt berechnet wird, falls man eine obere Schranke m für $|f''(x)|$ im Intervall [a,b] angeben oder abschätzen kann.

Ein Programm zur numerischen Integration muß also nach folgendem Formelplan erstellt werden:

$$n \geq \sqrt{\frac{(b-a)^3 m}{12\varepsilon}}$$

$$h = \frac{b-a}{n}$$

$$T = h\left(\frac{1}{2}(f(a)+f(b)) + \sum_{i=1}^{n-1} f(a+ih)\right)$$

Als Ergebnis soll das Programm die vorgegebenen Größen a, b und ε sowie die Anzahl n der Unterteilungen und den Näherungswert T des Integrals ausgeben.

Das Programm wird am Beispiel

$$\int_0^1 \frac{4}{1+x^2} dx = 3.14159\ldots = \pi$$

getestet. Es ist

$\quad$ a=0

$\quad$ b=1

$\quad$ $f(x) = \frac{4}{1+x^2}$

$\quad$ $\max_{x \in [0,1]} |f''(x)| \leq m = 8$

$\quad$ $\varepsilon = \frac{1}{2} 10^{-4}$

Das Programm lautet:

```
10  DEF    FNF(X)=4/(1+X*X)
20  INPUT  A,B,M,E
30  GOSUB  60
40  PRINT  'A=',A,'B=',B,'E=',E,'N=',N,'T=',T
50  STOP
60  LET    N=INT(SQR((B-A)**3*M/(12*E)))+1
70  LET    H=(B-A)/N
80  LET    T=(FNF(A)+FNF(B))/2
90  FOR    I = 1 TO N-1
100 LET    T=T+FNF(A+I*H)
110 NEXT   I
120 LET    T=H*T
130 RETURN

?0,1,8,5.0E-05

A= 0   B= 1   E= 5.00000E-05   N= 116   T= 3.14153
```

Anmerkung: Das Programm ist so allgemein geschrieben, daß durch Auswechseln der Anweisung 10, in der der Integrand als BASIC-Funktion definiert wird, und durch Variation der Parameter a,b,m und ε in Anweisung 20 auch andere Integrale berechnet werden können.
Darüber hinaus beachte man die Anweisung 60:
In ihr wird die im Formelplan angegebene Ungleichung zur Berechnung der Anzahl n der Teilintervalle ausgewertet. Da i.a. der dort angegebene Wurzelausdruck keine ganze Zahl ist, wird nach Berechnung der Quadratwurzel durch Anwendung der INT-Funktion zunächst die zum Wert der Quadratwurzel nächst kleinere ganze Zahl bestimmt und diese anschließend um 1 erhöht. Damit ist man sicher, daß die so berechnete ganze Zahl n der Ungleichung genügt.

6.10 Numerische Integration (Simpsonregel)

Es soll das Integral

$$\int_a^b f(x)dx$$

numerisch berechnet werden. Ersetzt man den Integranden f(x) durch Parabelbögen, so ergibt sich bekanntlich die Simpsonregel

$$\int_a^b f(x)dx = \frac{h}{3}(f(a)+4f(a+h)+2f(a+2h)+\ldots+4f(b-h)+f(b))+R = S+R$$

mit dem Verfahrensfehler R, für den die Abschätzung

$$|R| \leq \frac{(b-a)^5}{180n^4} \cdot \max_{x \in [a,b]} |f^{IV}(x)|$$

gilt. Dabei ist $h = \frac{b-a}{n}$ die Schrittweite bei Zerlegung des Integrationsintervalles [a,b] in n gleich lange Teilintervalle (n gerade).

In Analogie zur Trapezregel benötigt man hier also eine Abschätzung von $|f^{IV}(x)|$ für die Angabe des Integrationsfehlers. Das Bilden einer hohen Ableitung und das numerische Berechnen einer oberen Schranke für die Ableitung kann jedoch mit erheblichem Aufwand verbunden sein. Deshalb beschreitet man in der Praxis einen anderen Weg: Man berechnet für zwei verschiedene Werte der Schrittweite h, etwa für h_1 und h_2 mit $h_1 > h_2$, nach der Simpsonregel näherungsweise das Integral. Die entsprechenden Werte seien S_1 und S_2. Mit diesen Näherungswerten bildet man die "relative Fehlerdifferenz"

$$R_s = \left|\frac{S_1-S_2}{S_1}\right|$$

Gilt dann $R_s \leq \varepsilon$, wobei ε eine vorgebbare Genauigkeitsschranke ist, so soll das Integral hinreichend genau berechnet sein. Ist dagegen $R_s > \varepsilon$, so wird mit $h_3 < h_2$ nach der Simpsonregel ein weiterer Näherungswert S_3 des Integrals berechnet und geprüft, ob

$$R_s = \left|\frac{S_2-S_3}{S_2}\right| \leq \varepsilon$$

ist. Das Verfahren wird solange fortgesetzt, bis der Fall $R_s \leq \varepsilon$

eingetreten ist oder eine maximale Anzahl von Iterationen stattgefunden hat. Der Wert S_k wird dann als Näherungswert für das Integral benutzt. Dieses Verfahren darf jedoch nicht überbewertet werden, weil es keine korrekte Fehlerabschätzung beinhaltet. Es hat sich aber in der Praxis gut bewährt. In der Anwendung setzt man

$$h_0 = \frac{b-a}{2} \quad \text{und} \quad h_k = \frac{h_{k-1}}{2} = 2^{-k} h_0 \qquad \text{(Intervallhalbierung!)}$$

und berechnet für jedes h_k den zugehörigen Näherungswert S_k nach der Simpsonregel, wobei man die gleichen Funktionswerte, die sowohl in S_k und S_{k-1} benötigt werden, nur einmal berechnet. Das führt zu folgendem rekursiven Verfahren:

$$h_0 = \frac{b-a}{2} \qquad u_0 = f(a+h_0) \qquad S_0 = \frac{h_0}{3}(f(a) + 4f(a+h_0) + f(b))$$

$$u_k = \sum_{j=1}^{2^k} f(a + (2j-1)h_k) \quad \text{mit} \quad h_k = 2^{-k} h_0$$

$$S_k = \frac{1}{2} S_{k-1} + \frac{2}{3} h_k (2u_k - u_{k-1}) \qquad \text{für} \quad k = 1, 2, \ldots$$

Das Verfahren wird abgebrochen, wenn

$$R_s = \left| \frac{S_k - S_{k-1}}{S_k} \right| \leq \varepsilon$$

ist, und es wird S_k als Näherungswert für das gesuchte Integral benutzt. Das Verfahren wird wiederum am Beispiel

$$\int_0^1 \frac{4}{1+x^2} dx = 3.14159\ldots = \pi$$

mit $a=0$, $b=1$ und $\varepsilon = \frac{1}{2} 10^{-3}$

getestet. Das Programm lautet:

```
10 DEF  FNF(X)=4/(1+X*X)
20 INPUT A,B
30 INPUT E
40 GOSUB 70
50 PRINT 'E=',E,'H=',H,'S=',S1
60 STOP
```

```
70 LET    H=(B-A)/2
80 LET    S0=(FNF(A)+4*FNF(A+H)+FNF(B))*H/3
90 LET    U0=FNF(A+H)
100 LET   L=2
110 LET   H=H/2
120 LET   L=L*2
130 LET   U1=0
140 FOR   J = 1 TO L STEP 2
150 LET   U1=U1+FNF(A+H*J)
160 NEXT  J
170 LET   S1=S0/2+(2*U1-U0)*H*2/3
180 IF    ABS(S1-S0)/ABS(S1)<=E THEN 220
190 LET   S0=S1
200 LET   U0=U1
210 GOTO  110
220 RETURN
?0,1
?0.5E-3
   E= 5.00000E-04   H= 1.25000E-01   S= 3.14159
```

Anmerkung: Das Programm ist analog zur Integration mit der Trapezregel so allgemein geschrieben, daß durch Auswechseln der Anweisung 10, in der der Integrand als BASIC-Funktion definiert wird, und durch Variation der Parameter a,b und ε in den Anweisungen 20 und 30 auch andere Integrale berechnet werden können.

6.11 Vollständiges elliptisches Integral 1. Gattung

Es soll das vollständige elliptische Integral 1. Gattung

$$F(a,b,\tfrac{\pi}{2}) = \int_0^{\frac{\pi}{2}} \frac{dx}{\sqrt{a^2\cos^2 x + b^2 \sin^2 x}}$$

numerisch berechnet werden. O.B.d.A. kann a,b > 0 angenommen werden. Man kann zur Berechnung z.B. die Trapez- bzw. die

Simpsonregel heranziehen. Es zeigt sich jedoch, daß diese Verfahren nur unbefriedigende Ergebnisse liefern; hier wird deshalb ein effizienterer Weg beschrieben.

Setzt man

$$a_1 = \frac{1}{2}(a+b) \quad \text{und} \quad b_1 = \sqrt{ab}$$

und führt mit Hilfe der Transformationsformel

$$\sin y = \frac{a_1 \sin 2x}{\sqrt{a^2 \cos^2 x + b^2 \sin^2 x}}$$

unter dem Integral eine neue Variable y ein, so ergibt sich

$$F(a,b,\tfrac{\pi}{2}) = \tfrac{1}{2} F(a_1, b_1, \pi) = F(a_1, b_1, \tfrac{\pi}{2})$$

d.h. der Wert des Integrals für die Parameterwahl a und b ist der gleiche wie für die transformierten Parameter $a_1 = \frac{1}{2}(a+b)$ und $b_1 = \sqrt{ab}$. Diese Eigenschaft nutzt man nun aus, indem man nacheinander die beiden Folgen

$$a_1 = \tfrac{1}{2}(a+b) \qquad b_1 = \sqrt{ab}$$

$$a_2 = \tfrac{1}{2}(a_1+b_1) \qquad b_2 = \sqrt{a_1 b_1}$$

$$a_3 = \tfrac{1}{2}(a_2+b_2) \qquad b_3 = \sqrt{a_2 b_2}$$

$$\vdots \qquad\qquad\qquad \vdots$$

bildet. Für die zugehörigen Werte der elliptischen Integrale gilt dann

$$F(a,b,\tfrac{\pi}{2}) = F(a_1,b_1,\tfrac{\pi}{2}) = F(a_2,b_2,\tfrac{\pi}{2}) = \ldots = F(a_i,b_i,\tfrac{\pi}{2}) = \ldots$$

Andererseits läßt sich zeigen, daß

$$\lim_{i \to \infty} a_i = \lim_{i \to \infty} b_i = \mu$$

gilt, d.h. die oben definierten Folgen konvergieren. Ihre Grenzwerte sind einander gleich.

Man erhält die Beziehung

$$F(a,b,\tfrac{\pi}{2}) = \lim_{i \to \infty} F(a_i, b_i, \tfrac{\pi}{2}) = F(\mu, \mu, \tfrac{\pi}{2}) = \frac{\pi}{2\mu}$$

Praktisch nutzt man diese Beziehung wie folgt aus: Zu gegebenen Parametern a und b berechnet man iterativ die Glieder der Folgen $a_1, a_2, \ldots$ und $b_1, b_2, \ldots$. Gilt dann für ein i die Beziehung

$$\frac{|a_i - b_i|}{|a_i|} < \varepsilon$$

wobei ε eine vorgegebene Genauigkeitsschranke ist, so wird für dieses i der Wert a_i als näherungsweiser Grenzwert μ genommen, und für den Integralwert ergibt sich näherungsweise

$$F(a,b,\tfrac{\pi}{2}) \approx \frac{\pi}{2a_i}$$

In der Literatur liegt häufig das vollständige elliptische Integral 1. Gattung in der Form

$$\int_0^{\frac{\pi}{2}} \frac{dx}{\sqrt{1 - \sin^2 t \sin^2 x}}$$

vor. Man überzeugt sich leicht, daß dieses gleichwertig mit dem Integral

$$\int_0^{\frac{\pi}{2}} \frac{dx}{\sqrt{\cos^2 x + \cos^2 t \sin^2 x}}$$

ist, d.h. es ist a=1 und b=cost und somit

$$F(a,b,\tfrac{\pi}{2}) = F(1, \cos t, \tfrac{\pi}{2})$$

Dieses Integral soll im folgenden Programm für $t = 0°, 5°, 10°, \ldots, 85°$ tabelliert werden.
Das Programm lautet:

```
10 INPUT E
20 PRINT ' T ',' F '
30 LET   P1=3.1415926
40 LET   C=P1/180
```

```
50  FOR    T = 0 TO 85 STEP 5
60  LET    A=1
70  LET    B=COS(C*T)
80  GOSUB  120
90  PRINT  T,F
100 NEXT   T
110 STOP
120 LET    A1=0.5*(A+B)
130 LET    B1=SQR(A*B)
140 IF     ABS(A1-B1)/ABS(A1) < E   THEN 180
150 LET    A=A1
160 LET    B=B1
170 GOTO   120
180 LET    F=P1/(2*A1)
190 RETURN
```

?1.0E-5

```
  T      F
  0   1.57080
  5   1.57379
 10   1.58284
 15   1.59814
 20   1.62003
 25   1.64899
 30   1.68575
 35   1.73124
 40   1.78676
 45   1.85407
 50   1.93558
 55   2.03472
 60   2.15652
 65   2.30879
 70   2.50455
 75   2.76806
 80   3.15338
 85   3.83173
```

6.12 Numerische Integration einer Differentialgleichung (Runge-Kutta-Verfahren)

Die Differentialgleichung 1. Ordnung

$$y'=f(x,y) \quad \text{mit dem Anfangswert} \quad y_o=y(x_o)$$

soll mit Hilfe des Runge-Kutta-Verfahrens näherungsweise integriert werden. Sind h die Integrationsschrittweite und y_j ein Näherungswert der Lösung an der Stelle x_j, so berechnet sich der Näherungswert y_{j+1} an der Stelle $x_{j+1}=x_j+h$ nach folgendem Formelplan:

$$x_j = x_j \qquad y_j = y(x_j)$$

$$\left. \begin{aligned} v_1 &= hf(x_j, y_j) \\ v_2 &= hf(x_j + \tfrac{1}{2}h, y_j + \tfrac{1}{2}v_1) \\ v_3 &= hf(x_j + \tfrac{1}{2}h, y_j + \tfrac{1}{2}v_2) \\ v_4 &= hf(x_j + h, y_j + v_3) \end{aligned} \right\} \text{Hilfsgrößen}$$

$$x_{j+1}=x_j+h \qquad y_{j+1}=y(x_{j+1})=y_j+\tfrac{1}{6}(v_1+2v_2+2v_3+v_4)$$

Auf diese Weise werden ausgehend vom vorzugebenden Anfangswert $y_o=y(x_o)$ nacheinander für $j=0,1,2,\ldots$ die Werte $y_1=y(x_1)$, $y_2=y(x_2),\ldots$ berechnet.

Am Beispiel

$$y'=-2xy \quad \text{mit dem Anfangswert} \quad y(2)=1$$

und mit der exakten Lösung $y=e^{-x^2+4}$ soll das Verfahren getestet werden. Es ist $x_o=2, y_o=1$, und es sollen $h=0.01, n=10$ und $z=3.5$ gewählt werden. Darin bedeutet z die Abszisse, bis zu der integriert werden soll; n gibt an, daß nach jeweils n Integrationsschritten das Ergebnis ausgedruckt werden soll, und zwar in der Form x_j, y_j, "exakter Wert".

Das Programm lautet:

```
10  INPUT  X0,Y0,H,N,Z
20  PRINT  'H=',H,'N=',N
30  PRINT  '   X   ','   Y   ','   EXAKT   '
40  PRINT  X0,Y0,EXP(4-X0*X0)
50  LET    X1=X0
60  LET    I=1
70  LET    J=1
80  LET    X=X0
90  LET    Y=Y0
100 GOSUB  340
110 LET    V1=H*F
120 LET    X=X0+0.5*H
130 LET    Y=Y0+0.5*V1
140 GOSUB  340
150 LET    V2=H*F
160 LET    Y=Y0+0.5*V2
170 GOSUB  340
180 LET    V3=H*F
190 LET    X=X0+H
200 LET    Y=Y0+V3
210 GOSUB  340
220 LET    V4=H*F
230 LET    Y=Y0+(V1+2*V2+2*V3+V4)/6
240 LET    Y0=Y
250 LET    X0=X1+I*H
260 IF     J < N  THEN 290
270 LET    J=0
280 PRINT  X0,Y0,EXP(4-X0*X0)
290 LET    I=I+1
300 IF     X1+I*H > Z  THEN 330
310 LET    J=J+1
320 GOTO   80
330 STOP
340 LET    F=-2*X*Y
350 RETURN
```

```
?2,1,1.0E-2,10,3.5
 H= 1.00000E-02 N= 10
     X         Y        EXAKT
 2          1           1
 2.10000  6.63650E-01  6.63653E-01
 2.20000  4.31711E-01  4.31711E-01
 2.30000  2.75271E-01  2.75272E-01
 2.40000  1.72045E-01  1.72045E-01
 2.50000  1.05399E-01  1.05400E-01
 2.60000  6.32914E-02  6.32920E-02
 2.70000  3.72537E-02  3.72539E-02
 2.80000  2.14935E-02  2.14937E-02
 2.90000  1.21551E-02  1.21552E-02
 3.00000  6.73791E-03  6.73798E-03
 3.10000  3.66104E-03  3.66109E-03
 3.20000  1.94984E-03  1.94987E-03
 3.30000  1.01791E-03  1.01792E-03
 3.40000  5.20872E-04  5.20877E-04
 3.50000  2.61256E-04  2.61260E-04
```

Anmerkung: Wiederum wird auf Allgemeingültigkeit des Programms Wert gelegt. Ist etwa eine andere Differentialgleichung zu lösen, so müssen die Ausgabeanweisungen 40 und 280 wegen der darin enthaltenen Berechnung des "exakten Wertes" ausgewechselt werden. Darüber hinaus ist die Anweisung 340, in der die rechte Seite der Differentialgleichung programmiert ist, zu ändern.

6.13 Division von Potenzreihen

Eine Potenzreihe

$$r(x) = a_0 + a_1 x + a_2 x^2 + \ldots$$

soll durch eine andere Potenzreihe

$$s(x) = b_0 + b_1 x + b_2 x^2 + \ldots$$

dividiert werden. Der Quotient $q(x)$ soll in eine Potenzreihe

$$q(x) = c_0 + c_1 x + c_2 x^2 + \ldots = \frac{a_0 + a_1 x + a_2 x^2 + \ldots}{b_0 + b_1 x + b_2 x^2 + \ldots}$$

entwickelt werden. Die Koeffizienten $c_0, c_1, c_2, \ldots$ lassen sich rekursiv aus den gegebenen Koeffizienten $a_0, a_1, a_2, \ldots$ und $b_0, b_1, b_2, \ldots$ nach folgendem Schema berechnen:

$$c_0 = \frac{a_0}{b_0}$$

$$c_i = \frac{1}{b_0}\left(a_i - \sum_{j=1}^{i} b_j c_{i-j}\right) \qquad i=1,2,\ldots$$

Das Verfahren soll an dem folgenden Beispiel getestet werden:

$$q(x) = c_0 + c_1 x + c_2 x^2 + \ldots = \frac{x}{e^x - 1} = \frac{1}{1 + \frac{x}{2!} + \ldots}$$

Es ist: $a_0 = 1 \qquad b_0 = 1$

$\qquad\quad a_i = 0 \qquad b_i = \frac{1}{i+1} b_{i-1} \qquad i=1,2,\ldots$

Das Programm soll die ersten n Koeffizienten c_i berechnen und zusammen mit a_i und b_i ausgeben.

Das Programm lautet:

```
10  DIM   A(10),B(10),C(10)
20  INPUT N
30  PRINT 'A','    B  ','    C  '
40  LET   A(1)=1
50  LET   B(1)=1
60  FOR   I = 2 TO N STEP 1
70  LET   A(I)=0
80  LET   B(I)=B(I-1)/I
90  NEXT  I
100 GOSUB 150
110 FOR   I = 1 TO N STEP 1
120 PRINT A(I),B(I),C(I)
130 NEXT  I
140 STOP
```

```
150 LET    C(1)=A(1)/B(1)
160 FOR    I = 2 TO N STEP 1
170 LET    C(I)=0
180 FOR    J = 2 TO I STEP 1
190 LET    C(I)=C(I)+B(J)*C(I+1-J)
200 NEXT   J
210 LET    C(I)=(A(I)-C(I))/B(1)
220 NEXT   I
230 RETURN
```

?8

A	B	C
1	1	1
0	5.00000E-01	-5.00000E-01
0	1.66667E-01	8.33334E-02
0	4.16667E-02	-2.98023E-08
0	8.33333E-03	-1.38888E-03
0	1.38889E-03	-4.65661E-09
0	1.98413E-04	3.30702E-05
0	2.48016E-05	-1.89175E-10

Anmerkung: Das Programm ist wiederum so geschrieben, daß auch andere Quotienten von Potenzreihen leicht behandelt werden können. Zu diesem Zweck sind die Anweisungen 10-70, in denen die Aufbereitung der Koeffizienten a_i und b_i vorgenommen wird, entsprechend zu modifizieren.

Man beachte, daß die Koeffizienten c_i für $x^3, x^5, x^7, \ldots$ sehr klein sind. Theoretisch müssen sie sogar "0" sein. Daß sie es nicht sind, ist darauf zurückzuführen, daß die Rechenanlage nur mit einer beschränkten Anzahl von signifikanten Stellen rechnet, und somit durch Rundungsfehler das theoretisch exakte Ergebnis in der Praxis verfälscht wird.

6.14 Regressionsgerade und Korrelationskoeffizient

Für eine beliebige Anzahl n von Wertepaaren (x_i, y_i) sollen Korrelationskoeffizient sowie Regressionsgerade berechnet werden, ferner soll eine graphische Darstellung zwischen den beiden Variablen in Form einer Punktwolke und der Regressionsgeraden erzeugt werden.

Für den Korrelationskoeffizienten r gelten die folgenden Formeln:

$$ r = \frac{\sum (x_i-\bar{x})(y_i-\bar{y})}{\sqrt{\sum (x_i-\bar{x})^2 \sum (y_i-\bar{y})^2}} = \frac{\sum x_i y_i - \frac{1}{n}\sum x_i \sum y_i}{\sqrt{(\sum x_i^2 - \frac{1}{n}(\sum x_i)^2)(\sum y_i^2 - \frac{1}{n}(\sum y_i)^2)}} $$

Für die Regressionsgerade y=a+bx (Regression von der unabhängigen Variablen x auf die abhängige Variable y) gilt nach der Methode der kleinsten Fehlerquadratsumme:

$$ a = \frac{\sum y_i \sum x_i^2 - \sum x_i y_i \sum x_i}{n \sum x_i^2 - (\sum x_i)^2} \quad , \quad b = \frac{n \sum x_i y_i - \sum x_i \sum y_i}{n \sum x_i^2 - (\sum x_i)^2} $$

Dabei läuft in allen Summationen der Summationsindex i von 1 bis n und es gilt $\sum y_i = n \cdot \bar{y}$ und $\sum x_i = n \cdot \bar{x}$

Auf Grund der Tatsache, daß die Anzahl n der Meßwertpaare bei Beginn der Eingabe unbekannt ist, sollen die eingegebenen Meßwertpaare nicht in einem Feld zwischengespeichert werden, sondern jedes eingegebene Paar soll sofort verarbeitet werden. Dafür ist die zweite der beiden angegebenen Formeln für den Korrelationskoeffizienten geeignet.*) Für die Berechnung des Korrelationskoeffizienten und der Regressionsgeraden muß man also die Summen $\sum x_i$, $\sum y_i$, $\sum x_i y_i$, $\sum x_i^2$, $\sum y_i^2$ "auflaufen" lassen.

---

*) Der Vorteil der zweiten Formel ist gerade bei einem großen, evtl. bei Programmbeginn unbekanntem Stichprobenumfang klar: Man braucht keine Matrix in einer DIM-Anweisung zu vereinbaren, um zunächst die Mittelwerte $\bar{x}$ und $\bar{y}$ und danach aus allen Einzelmeßwerten und den Mittelwerten den Korrelationskoeffizienten zu berechnen.
Ein anderer Gesichtspunkt dagegen läßt die Anwendung der zweiten Formel in bestimmten Fällen ungünstiger gegenüber der ersten Formel erscheinen: Bei zahlenmäßig fast gleich großen Einzelwerten x_i oder y_i tritt auf Grund der beschränkten Rechengenauigkeit (charakteristischer Wert z.B. 6 Dezimalstellen) in Erscheinung, daß in der zweiten Formel an mehreren Stellen eine relativ kleine Differenz von Produkten "großer Zahlen" berechnet wird. Auf Grund eines Genauigkeitsverlustes kann bei den Differenzen im Nenner sogar ein negativer Wert auftreten. In der ersten Formel dagegen werden die Differenzen zum Mittelwert gebildet, wodurch sich der Rundungsfehler nicht so stark bemerkbar macht.

Da n nicht vor Beginn der Eingabe der einzelnen Meßwertpaare festgelegt wird, muß ein "Schlußkriterium" vereinbart werden: Die Eingabe des Wertepaares -999,-999 soll bewirken, daß die Eingabe als abgeschlossen betrachtet wird, und daß der Korrelationskoeffizient r, die Regressionsgerade y=a+bx und eine graphische Darstellung der Häufigkeiten und der Regressionsgeraden erzeugt und ausgegeben werden. Für die Darstellung sind auf beiden Achsen 41 Einheiten vorgesehen, d.h. es muß ein Feld der Größe 41*41 zur Zwischenspeicherung der Häufigkeiten f_{jk} ($1 \leq j;k \leq 41$) vorgesehen werden. Die Achsen sollen mit Hilfe von einzugebenden unteren und oberen Grenzen für die Darstellung von x und y skaliert werden (vgl. Beispiel (6.6); Wertepaare, die außerhalb der entsprechenden Grenzen liegen, sollen bei der graphischen Ausgabe nicht berücksichtigt werden). In der graphischen Darstellung wird die Häufigkeit des Auftretens eines bestimmten Punktes durch die Ausgabe der entsprechenden Ziffer 1...9 angegeben (Eine Kombination, die häufiger als neunmal vorkommt, wird ebenfalls durch 9 gekennzeichnet). Die berechnete Regressionsgerade soll durch das Symbol * eingezeichnet werden, dabei soll die Ziffer der Häufigkeit ggf. Vorrang haben.

Zahlenbeispiel:

    untere Grenzen : $x_1=60$ $y_1=100$
    obere Grenzen : $x_2=160$ $y_2=200$
    einzugebende Meßwertreihe:

i	1	2	3	4	5	6	7	8	9	10	11	12
x_i	65	60	70	75	90	90	80	90	95	95	60	65
y_i	175	170	180	175	190	185	175	175	200	190	165	170

i	13	14	15	16	17	18	19	20	21	22
x_i	80	65	90	70	80	100	85	70	100	65
y_i	185	175	190	185	170	185	180	175	180	170

Das Programm lautet:

```
10 REM    REGRESSIONSGERADE UND KORRELATIONSKOEFFIZIENT
20 REM    INITIALISIERUNGEN
30 DIM    F(41,41)
40 LET    N=0
50 LET    S1=0
60 LET    S2=0
70 LET    S3=0
```

```
 80 LET     S4=0
 90 LET     S5=0
100 MAT     F=ZER
110 PRINT   'UNTERE UND OBERE GRENZEN (X1,X2,Y1,Y2) EINGEBEN'
120 INPUT   X1,X2,Y1,Y2
130 PRINT   'WERTE X,Y PAARWEISE EINGEBEN, SCHLUSSKR.: -999,-999'
140 REM     EINGABE NAECHSTES PAAR, PRUEFUNG AUF SCHLUSSKRIT.
150 INPUT   X,Y
160 IF      X <> -999 THEN 190
170 IF      Y <> -999 THEN 190
180 GO TO   340
190 REM     LFD. AUFSUMMIERUNG, FELDELEMENT FUER GRAPH ERMITTELN
200 LET     N=N+1
210 LET     S1=S1+X
220 LET     S2=S2+Y
230 LET     S3=S3+X*Y
240 LET     S4=S4+X*X
250 LET     S5=S5+Y*Y
260 LET     J=INT((X-X1)*40/(X2-X1)+1.5)
270 LET     K=INT((Y-Y1)*40/(Y2-Y1)+1.5)
280 IF      J < 1 THEN 140
290 IF      J > 41 THEN 140
300 IF      K < 1 THEN 140
310 IF      K > 41 THEN 140
320 LET     F(J,K)=F(J,K)+1
330 GO TO   150
340 REM     SCHLUSSKRITERIUM ERREICHT, KORRELATIONSKOEFF.
350 REM     UND REGRESSIONSGERADE BERECHNEN UND AUSGEBEN
360 LET     R= (S3-S1*S2/N)/SQR((S4-S1*S1/N)*(S5-S2*S2/N))
370 LET     A= (S2*S4-S3*S1)/(N*S4-S1*S1)
380 LET     B= (N*S3-S1*S2)/(N*S4-S1*S1)
390 PRINT   'KORRELATIONSKOEFFIZIENT R=';R
400 PRINT   'REGRESSIONSGERADE   Y=Y+BX, A=';A;'B=';B
410 REM     AUFBEREITUNG DER GRAPH. DARSTELLUNG, AUSGABE
420 REM     OBERER RAHMEN, INITIALISIERUNG F. ZEILENW. AUSGABE
430 PRINT
440 PRINT   '   Y     .+----+----+----+----+----+----+----+----+.'
450 LET     L$='         I                                         I'
460 REM     ZEILENWEISE AUFBEREITUNG UND AUSGABE
470 FOR     K = 41 TO 1 STEP -1
```

```
480 LET     Z$=L$
490 IF      INT(K/5+0.85) = INT(K/5+0.75) THEN 530
500 LET     Z$(:9,1)='+'
510 LET     Z$(:51,1)='+'
520 LET     Z$(:1,8)=STR(Y1+(K-1)*(Y2-Y1)/40)
530 FOR     J = 1 TO 41
540 IF      F(J,K) < 10 THEN 560
550 LET     F(J,K)=9
560 IF      F(J,K) = 0 THEN 590
570 LET     H$=STR(F(J,K))
580 LET     Z$(:(J+9),1)=H$(:2,1)
590 NEXT    J
600 REM     REGRESSIONSGERADENPUNKT IN ZEILE EINFUEGEN
610 LET     Y=Y1+(K-1)*(Y2-Y1)/40
620 LET     X=(Y-A)/B
630 LET     J=INT((X-X1)*40/(X2-X1)+1.5)
640 IF      J < 1 THEN 680
650 IF      J > 41 THEN 680
660 IF      F(J,K) > 0 THEN 680
670 LET     Z$(:(J+9),1)='*'
680 PRINT Z$
690 NEXT    K
700 REM     AUSGABE DES UNTEREN RAHMENS
710 PRINT '        .+----+----+----+----+----+----+----+----+.'
720 FOR     J = 1 TO 5
730 LET     L$(:(J*10-3),7)=STR(X1+(J-1)*(X2-X1)/4)
740 NEXT    J
750 PRINT L$;'X'
760 STOP

UNTERE UND OBERE GRENZEN (X1,X2,Y1,Y2) EINGEBEN
?60,100,160,200
WERTE X,Y PAARWEISE EINGEBEN, SCHLUSSKR.: -999,-999
?65,175
?60,170
?70,180
?75,175
   ⋮
```

?100,180
?65,170
?-999,-999
KORRELATIONSKOEFFIZIENT R=   0.712993
REGRESSIONSGERADE   Y=A+BX,   A=   142.556   B=   0.464815

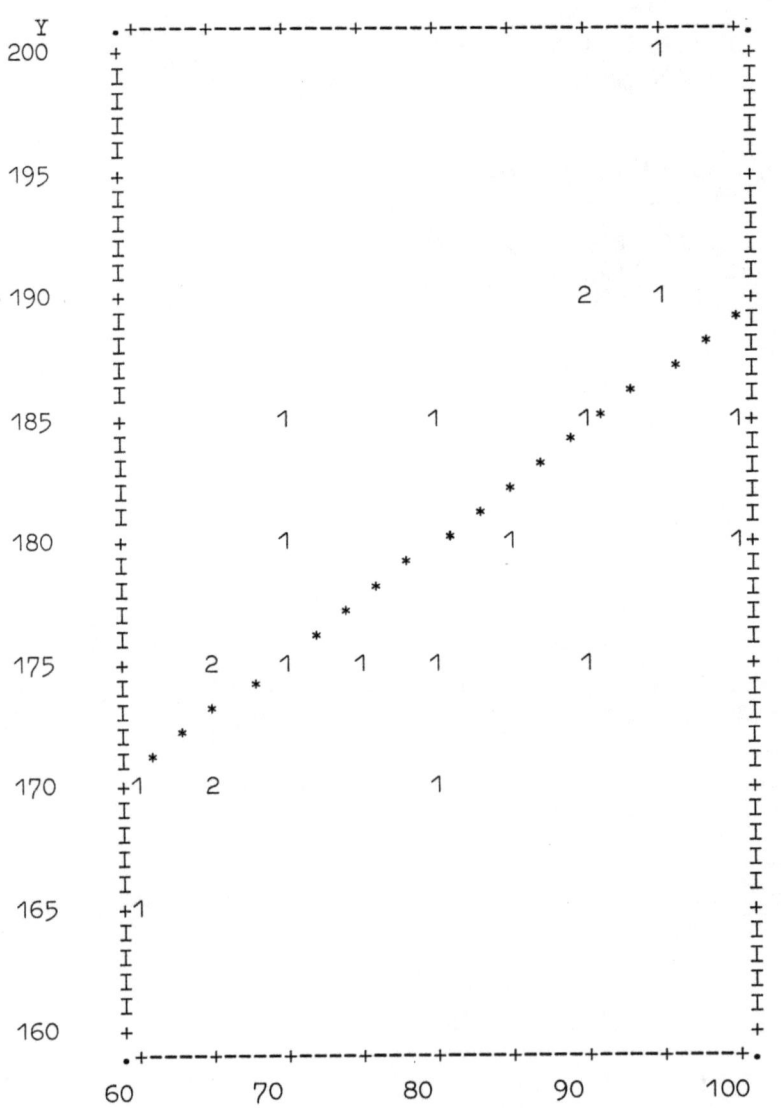

6.15 Bundesliga-Spielplan

Einer Fußball-Liga gehören n Vereine an. Eine Spielrunde umfaßt die Gesamtheit aller Spiele, bei denen jeder Verein genau einmal gegen jeden anderen spielt. Jeder Verein hat also genau n-1 Spiele auszutragen, und eine Spielrunde kann an n-1 Spieltagen abgewickelt werden. Dabei soll auch berücksichtigt werden, daß jeder Verein möglichst abwechselnd ein Heim- und ein Auswärtsspiel austrägt. Das folgende Verfahren führt zum gewünschten Ziel:

Es sei n gerade und die Vereinsnamen seien der Einfachheit halber die Ziffern 1,2,...,n (Erläuterung für n=10). Es werden zwei $\frac{n}{2}$*2-Matrizenfolgen U (=ungerade Spieltage) und G (=gerade Spieltage) wie folgt gebildet:

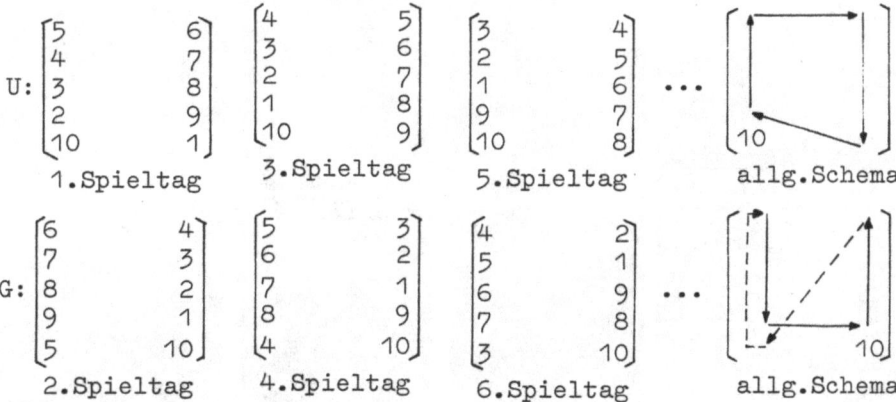

Bei der Folge U entsteht jede Matrix aus der vorangehenden durch zyklische Vertauschung der Matrixelemente im Uhrzeigersinn. Dabei nimmt das in der linken unteren Ecke stehende Element (10) am Vertauschungsprozeß nicht teil. Bei der Folge G entsteht jede Matrix aus der vorangehenden durch zyklische Vertauschung der Matrixelemente entgegen dem Uhrzeigersinn, wobei der Übergang von der 2. zur 1. Matrixspalte über das links unten stehende Element erfolgt (gestrichelte Linie). Das rechte untere Eckelement (10) nimmt am Vertauschungsprozeß nicht teil.

Jedes in einer Matrixzeile stehende Zahlenpaar bedeutet eine Spielpaarung, jeder Matrix entspricht ein Spieltag. Indem man abwechselnd eine Matrix aus U oder G beginnend mit U auswählt, erhält man nach n-1 Iterationen den gewünschten Spielplan.

Ist n ungerade, so wird die nächste gerade Zahl n+1 zur Berechnung des Spielplanes herangezogen (fiktiver Verein!). Jede Spielpaarung mit diesem zusätzlich eingeführten Verein bedeutet einen spielfreien Tag für den beteiligten Verein.

Das Programm lautet:

```
10 DIM    U(15,2),G(15,2),A(15,2)
20 INPUT  N
30 PRINT  'SPIELPLAN FUER';N;'VEREINE'
40 LET    N2=N/2
50 REM    VORBESETZEN VON U=1. SPIELTAG
60 REM    VORBESETZEN VON G=2. SPIELTAG
70 FOR    I = 1 TO N2-1 STEP 1
80 LET    U(I,1)=N2+1-I
90 LET    U(I,2)=N2+I
100 LET   G(I,1)=N2+I
110 LET   G(I,2)=N2-I
120 NEXT  I
130 LET   U(N2,1)=N
140 LET   U(N2,2)=1
150 LET   G(N2,1)=N2
160 LET   G(N2,2)=N
170 REM   BERECHNUNG ALLER WEITEREN SPIELTAGE
180 LET   S=1
190 FOR   J=1 TO N-1 STEP 1
200 IF    J = 1 THEN 230
210 IF    J = 2 THEN 250
220 GO TO 270
230 MAT   A=U
240 GO TO 560
250 MAT   A=G
260 GO TO 560
270 IF    S <> 1 THEN 430
280 REM   UNGERADE SPIELTAGE
290 LET   Z1=U(1,1)
300 LET   Z2=U(N2,2)
310 FOR   I = 2 TO N2-1 STEP 1
320 LET   U(I-1,1)=U(I,1)
330 LET   K=N2+2-I
340 LET   U(K,2)=U(K-1,2)
350 NEXT  I
360 LET   U(N2-1,1)=Z2
370 LET   U(2,2)=U(1,2)
380 LET   U(1,2)=Z1
390 LET   S=2
400 MAT   A=U
410 GO TO 560
```

```
420 REM     GERADE SPIELTAGE
430 LET     Z1=G(N2,1)
440 LET     Z2=G(1,2)
450 LET     Z3=G(N2-1,1)
460 FOR     I = 2 TO N2-1 STEP 1
470 LET     K=N2+1-I
480 LET     G(K,1)=G(K-1,1)
490 LET     G(I-1,2)=G(I,2)
500 NEXT    I
510 LET     G(1,1)=Z1
520 LET     G(N2,1)=Z2
530 LET     G(N2-1,2)=Z3
540 LET     S=1
550 MAT     A=G
560 PRINT USING 610,J
570 FOR     I = 1 TO N2 STEP 1
580 PRINT USING 620,A(I,1),A(I,2)
590 NEXT    I
600 NEXT    J
610 :           ##. SPIELTAG
620 :              ##:##
630 STOP
?10
             1.  SPIELTAG
                 5: 6
                 4: 7
                 3: 8
                 2: 9
                10: 1
             2.  SPIELTAG
                 6: 4
                 7: 3
                 8: 2
                 9: 1
                 5:10
                   ⋮
             9.  SPIELTAG
                 1: 2
                 9: 3
                 8: 4
                 7: 5
                10: 6
```

6.16 Sortieren durch Aufspalten (Quicksort)

Eine Zahlenfolge (x_j), $j=1,2,\ldots,n$ soll aufsteigend sortiert werden. Von C.A.R. Hoare stammt ein Verfahren, das gegenüber anderen Verfahren wesentlich schneller arbeitet (wichtig bei großen Datenmengen!) und deswegen "Quicksort" genannt wird. Darüber hinaus wird für die Lösung der Sortieraufgabe auf das bei vielen EDV-Anwendungen benutzte "Kellerprinzip" (Stackprinzip) zurückgegriffen, weshalb der Lösungsweg für den Anfänger besonders reizvoll ist. Der Verfahrensablauf wird an einem Beispiel beschrieben. Es sei die Zahlenfolge

$$(x_j)=(14,13,16,11,19,15,21)$$

vorgelegt. Es werden zunächst zwei Zeiger $j_1=1$ und $j_2=7$ definiert, die auf das erste bzw. das letzte Element zeigen. Der Anfangszeiger j_1 wird festgehalten, der Endzeiger j_2 jeweils um 1 vermindert, solange, bis ein Element x_{j_2} gefunden ist, das kleiner ist als x_{j_1}. Dieser Fall tritt in unserem Beispiel für $j_2=4$ ein. Die Elemente $x_1=14$ und $x_4=11$ werden miteinander vertauscht. Danach wird der Endzeiger $j_2=4$ festgehalten und der Anfangszeiger j_1 jeweils um 1 erhöht, solange, bis ein Element x_{j_1} gefunden ist, das größer ist als $x_{j_2}=x_4=14$. Das ist für $j_1=3$ der Fall. Wieder werden die beiden Elemente miteinander vertauscht. Danach wird der Anfangszeiger $j_1=3$ festgehalten und der Endzeiger $j_2=4$ sukzessive vermindert, usw. Nach einer gewissen Anzahl von abwechselnden Schritten haben beide Zeiger den gleichen Wert, in unserem Fall $j_1=j_2=3$. Das folgende Schema verdeutlicht dies:

```
              1    2    3    4    5    6    7
j₁=1         14   13   16   11   19   15   21      │j₂=4│
│j₁=3│       11   13   16   14   19   15   21       j₂=4
 j₁=3        11   13  │14│  16   19   15   21      │j₂=3│
```

Zur besseren Übersicht sind die Zeigerwerte j_1 und j_2 links und rechts angegeben. Eingerahmt ist jeweils der sich ändernde Zeiger. Die Pfeile deuten jeweils den Vertauschungsprozeß an. Das Element $x_3=14$ für $j_1=j_2=3$ ist eingerahmt und deutet das Ende dieses ersten Durchganges an.

Mit dem o.a. angegebenen Vertauschungsprozeß wird erreicht, daß links vom Element $x_3=14$ ausschließlich Elemente stehen, die klei-

ner oder gleich sind als x_3 und rechts nur Elemente stehen, die
größer oder gleich sind als x_3, d.h. das Element $x_3=14$ teilt
jetzt die Folge in 2 Teilfolgen, die jede für sich sortiert werden können, ohne daß das Element $x_3=14$ noch wandert; dieses hat
seinen endgültigen Platz gefunden. Wir können nun das gleiche
Verfahren auf die beiden Teilfolgen (11,13) und (16,19,15,21)
anwenden und in jeder je ein Element bestimmen, das bezüglich
dieser Teilfolgen seinen endgültigen Platz hat. Damit sind also
maximal 4 Teilfolgen entstanden und 3 Elemente in die richtige
Sortierfolge gebracht worden. Durch Fortsetzung des Spaltungsverfahrens gelangt man schließlich zu der Situation, daß nur
noch Teilfolgen mit maximal einem Element gebildet werden können;
dann ist der Sortierprozeß abgeschlossen.

Beim Spalten zerfällt eine Teilfolge in zwei Teilfolgen, von denen eine (wir einigen uns auf die linke), sofort weiter verarbeitet werden kann, während die Verarbeitung der anderen (der rechten) zunächst zurückgestellt werden muß. Das bedingt eine Buchhaltung über die Anfangs- und Endzeiger aller nichtbearbeiteten
Teilfolgen. Diese Buchhaltung erfolgt nach dem Kellerprinzip:
Nach jedem Spaltungsvorgang werden Anfangs- und Endzeiger der
nichtbearbeiteten Teilfolgen in eine Liste (=Keller) eingetragen, die sich somit langsam auffüllt. Ist dagegen die Situation
erreicht, daß die zu bearbeitende (linke) Teilfolge nicht mehr
zu teilen ist - die Teilfolge besteht nur noch aus einem Element -
wird aus dem Keller die dort zuletzt eingetragene Zeigerkombination herangezogen und mit der durch diese Zeigerkombination definierten Teilfolge der Spaltungsprozeß fortgesetzt. Die Anzahl der
Eintragungen im Keller nimmt also ständig zu und ab (pulsierende
Liste). Das Sortierverfahren ist beendet, wenn eine Teilfolge aus
nur einem Element besteht und der Keller leer ist.

Zum besseren Verständnis des folgenden Programms wird dem Leser
empfohlen, sich die Programmlogik an einem Flußdiagramm klarzumachen. Die im Programm benutzten Variablen haben dabei die folgende Bedeutung:

    L   : Anzahl der zu sortierenden Folgeelemente
    X(J) : Vektor der Länge L, enthält die Folgeelemente
    N1   : Index für den Beginn einer Teilfolge
    N2   : Index für das Ende einer Teilfolge

J1   : Anfangszeiger einer Teilfolge: J1=N1,N1+1,...
J2   : Endzeiger einer Teilfolge: J2=N2,N2-1,...
K(1,I) : Vektor für Anfangszeiger im Keller
K(2,I) : Vektor für Endzeiger im Keller
I   : Laufender Index im Keller; er wird **nach** jeder Eintragung in den Keller um 1 erhöht und **vor** jeder Austragung um 1 vermindert.
Z   : Hilfsgröße zum Austausch zweier Elemente

Das Programm lautet:

```
100 REM    SORTIEREN DURCH AUFSPALTEN, QUICKSORT
110 REM    MAXIMALE EINGABELAENGE: L=100 WERTE
120 DIM    X(100),K(2,100)
130 PRINT  'EINGABE L UND X(I),I=1,L'
140 INPUT  L
150 FOR    J = 1 TO L
160 INPUT  X(J)
170 NEXT   J
180 PRINT  'UNSORTIERTE FOLGE'
190 FOR    J = 1 TO L
200 PRINT  X(J);
210 NEXT   J
220 PRINT
230 REM    AUFSPALTEN
240 LET    N1=1
250 LET    N2=L
260 LET    I=1
270 LET    J1=N1
280 LET    J2=N2
290 IF     X(J1) <= X(J2) THEN 390
300 LET    Z=X(J1)
310 LET    X(J1)=X(J2)
320 LET    X(J2)=Z
330 LET    J1=J1+1
340 IF     J1 = J2 THEN 410
350 IF     X(J1) <= X(J2) THEN 330
360 LET    Z=X(J1)
370 LET    X(J1)=X(J2)
380 LET    X(J2)=Z
```

```
390 LET    J2=J2-1
400 IF     J2 <> J1 THEN 290
410 LET    J2=J2+1
420 IF     J2 >= N2 THEN 470
430 REM    KELLERN
440 LET    K(1,I)=J2
450 LET    K(2,I)=N2
460 LET    I=I+1
470 LET    J1=J1-1
480 IF     N1 >= J1 THEN 510
490 LET    N2=J1
500 GO TO 270
510 IF     I = 1 THEN 570
520 REM    ENTKELLERN
530 LET    I=I-1
540 LET    N1=K(1,I)
550 LET    N2=K(2,I)
560 GO TO 270
570 PRINT 'SORTIERTE FOLGE'
580 FOR    J = 1 TO L
590 PRINT X(J);
600 NEXT   J
610 STOP
```

EINGABE L UND X(I),I=1,L
?10
?23,-987,0,3456,-12345,-56,0,9876,9876,-12345
UNSORTIERTE FOLGE
 23 -987 0 3456 -12345 -56 0 9876 9876 -12345
SORTIERTE FOLGE
-12345 -12345 -987 -56 0 0 23 3456 9876 9876

Anhang: BASIC-Kommandos

Zur Erstellung, Ausführung und Korrektur sowie zum Speichern und Löschen von BASIC-Programmen und Dateien auf magnetischen Datenträgern (Disketten) stehen in BASIC eine Reihe von Kommandos zur Verfügung. Im Gegensatz zu BASIC-Anweisungen werden diese Kommandos grundsätzlich ohne Zeilennummern eingegeben und jeweils sofort ausgeführt. In der Regel kann der Benutzer auf die folgenden Kommandos zurückgreifen; es sei jedoch angemerkt, daß der äußerliche Aufbau von Rechenanlage zu Rechenanlage verschieden sein kann. Aus diesem Grunde ist das jeweilige Herstellerhandbuch zu benutzen.

RUN

Das im Speicher befindliche Programm wird beginnend mit der Anweisung mit der kleinsten Anweisungsnummer ausgeführt.

GO TO n

Das im Speicher befindliche Programm wird beginnend mit der Anweisung mit der Anweisungsnummer n ausgeführt.

SAVE 'dateiname'

Das im Speicher befindliche Programm wird unter dem angegebenen Dateinamen auf einer Diskette gespeichert.

LOAD 'dateiname'

Das Programm mit dem angegebenen Dateinamen wird auf einer Diskette gesucht und in den Speicher der Rechenanlage geladen. Danach kann das Programm durch das Kommando RUN oder GO TO ausgeführt werden.

LIST n1-n2

Von dem im Speicher befindlichen Programm werden die Anweisungen n1 bis n2 einschließlich auf dem Bildschirm "aufgelistet", d.h. sichtbar gemacht. Nach Eingabe von LIST alleine wird das gesamte Programm aufgelistet.

DELETE n1-n2

Von dem im Speicher befindlichen Programm werden die Anweisungen n1 bis n2 einschließlich gelöscht. Soll nur die Anweisung n1 gelöscht werden, so genügt DELETE n1.

<u>KILL 'dateiname'</u>

Die auf einer Diskette abgespeicherte Datei mit dem angegebenen Dateinamen (z.B. ein BASIC-Programm) wird gelöscht. Der auf der Diskette belegte Bereich ist wieder verfügbar. Der Leser mache sich die Unterschiede der Kommandos DELETE und KILL klar.

<u>RENUM</u>

Das im Speicher befindliche Programm wird beginnend mit Anweisungsnummer 10 in Schritten von 10 neu durchnumeriert. Dabei werden Referenzen, z.B. in GO TO-Anweisungen entsprechend geändert.

Register

Ablaufdiagramm 101 ff.
Ablaufrichtung 101 f.
ABS-Funktion 25
AND, logisches UND 20 f.
Anweisung 5 ff.
Anweisungsnummer 6 ff.
Argument 24 ff.
ATN-Funktion 25
Ausdruck, arithmetisch 11 ff.
Ausgabe 8, 14 f., 28 ff., 92 ff.
Ausgabeliste 29, 94
Auswertung eines Ausdrucks 12

Bedingung 18 ff., 85 ff.
Blank 6
Buchstaben 29
Bundesliga-Spielplan 139

CLOSE-Anweisung 93 ff.
COS-Funktion 25

DATA-Anweisung 78 ff.
Datei 92 ff.
Dateiname 92 ff.
Dateizugriff 92 ff.
Datenblock 78 ff.
Datenstation 3 f.
DEF-Anweisung 68 ff.
Dialog 3 ff.
Differentialgleichung 129
Differenzenquotient 112
DIM-Anweisung 49 ff.
Dreiecksberechnung 6
Druckzonen 29 ff.

e, Berechnung von 43
Eingabe 21 ff., 54, 92 ff.
Eingabeliste 23, 94
EXP-Funktion 25
Exponent 10
Extremwerte einer Funktion 111

Feld 47 ff.
Felddeklarierung 49 ff.
Feldelement 49 ff.
Feldindex 47 ff., 54
Feldname 50 f.
Flußdiagramm 98 ff.
—, Symbole 101 f.
FOR-Anweisung 36 f., 40 ff.

Formatierte Ausgabe 30 ff.
Formatmaske 30 ff.
Formelplan 98 ff.
Funktion, Argument einer 26, 49, 70 ff.
—, Aufruf einer 26 f., 71
—, Benutzer- 68 ff.
—, formales Argument 70 ff.
—, Name einer 24 ff., 70 ff.
—, Standard- 24 ff., 68
Funktionswert 24 ff., 70 f.

Gauß-Elimination 98
Gleichung, Auflösung einer 27
—, nichtlinear 119
Gleichungssystem, lineares 66, 98
GO SUB-Anweisung 68, 72 ff., 76 ff.
— TO-Anweisung 8, 15 ff.
Graph einer analytischen Funktion 114
Größter gemeinsamer Teiler 107
Grundrechenarten 12

Hauptprogramm 76 ff.
Horner-Schema 52, 116

IF-Anweisung 18 ff., 85 ff.
INPUT-Anweisung 7, 21 ff., 84, 93 f.
INT-Funktion 25
Integral, elliptisches 125
Integration, Simpson-Regel 123
—, Trapezregel 120
Iterationsverfahren 119

Klammern 12
Kleincomputer 3 ff.
Kommando 7, 9, 146 f.
Kommentaranweisung 45
Konstante, arithmetische 10 ff.
—, Zeichen- 29, 82 ff.
—, alphanumerische 29, 82 ff.
Korrelationskoeffizient 134

Leerzeichen 6
Leerzeile 29
LEN-Funktion 89
LET-Anweisung 8, 10, 13 ff., 56, 84
LOG-Funktion 25
Logische Operatoren 20 f.

MAT-Anweisung 55 ff.
-    CON-Anweisung 61 f.
-    IDN-Anweisung 62
-    INPUT-Anweisung 56 f.
-    INV-Anweisung 64 f.
-    PRINT-Anweisung 56 f.
-    TRN-Anweisung 63
-    ZER-Anweisung 61
Matrix 47 ff.
-,   Addition 51, 55, 57 f.
-,   Ein/Ausgabe 52, 56 f.
-,   Einsetzen 61 f.
-,   Inverse 64 f.
-,   Multiplikation 51, 55, 59 f.
-,   – mit Skalar 58
-,   Subtraktion 57 f.
-,   Wertzuweisung 60 f.
-,   Einheits- 62
-,   Nullsetzen 61
-,   Transponierte 63
Matrixelement 50
Matrixoperation 56
Matrizenanweisung 55 ff.
Mittelwert 48

Name von Variablen 7
Newton-Verfahren 16, 18, 27, 116
NEXT-Anweisung 37, 40 ff.
NOT, logisches NICHT 21
Nullstellenbestimmung für Polynome 116

ON – GO TO-Anweisung 44 f.
OPEN-Anweisung 93 ff.
Operandenfeld 6
Operation 6
OR, logisches ODER 20 f.

π, Berechnung von 37, 109
Pivotelement 100
Polynom 52, 71, 116
Potenzreihen, Division von 131
Primfaktorzerlegung 106
PRINT-Anweisung 8, 14 f., 28 ff., 93 f.
PRINT TAB-Anweisung 34
-    USING-Anweisung 30 ff., 95
Programm 6 ff.
Programmanweisung 5
Programmende 46
Programmverzweigung 15 ff.

Quicksort 142

READ-Anweisung 78 ff., 84
Rechenanlage 3 ff.
Rechengenauigkeit 11, 17, 40, 65 ff., 110, 134
Rechteckregel 37
Regressionsgerade 134

Regula Falsi 68
REM-Anweisung 45
RESTORE-Anweisung 78 ff.
RETURN-Anweisung 76 ff.
RND-Funktion 25
Rücksprung 76 ff.
Runge-Kutta-Verfahren 129

Schleife 17, 36 f., 40 ff.
-,   Anfangswert 36 f., 40 ff.
-,   Aussprung 43
-,   Endwert 36 f., 40 ff.
-,   Inkrement 36 f., 40 ff.
-,   Laufvariable 36 f. 40 ff.
-,   Schachtelung 40 ff.
Schleifenbeginn 41
Schleifenende 41
Schleifenparameter 36 f., 40 ff.
Schlüsselwort 6, 13, 24 ff., 70
SGN-Funktion 25
Simpson-Regel 123
SIN-Funktion 25
Sinusfunktion, Tabelle der 25 f.
Skalarer Faktor 58 f.
Sonderzeichen 29
Sortieren 72 ff., 90 f.
-    durch Aufspalten 142
Sortierreihenfolge 85 ff.
Spielplan 139
Sprung, bedingter 18 ff.
-,   berechneter 44 f.
-,   unbedingter 8, 15 ff.
Sprunganweisung 7 ff.
SQR-Funktion 8, 25
Standardabweichung 48
Steueranweisung 9
STOP-Anweisung 15, 46
STR-Funktion 89

TAN-Funktion 25
Teilzeichenketten 88 ff.
Text 29, 82 ff.
Textverarbeitung 82 ff.
Trapezregel 120

Unterprogramm 68, 72 ff., 76 ff.

VAL-Funktion 90
Variable 7 ff., 11 ff., 23
-,   Zeichen- 82 ff.
Vektor 47 ff.
-,   Addition 57 f.
-,   Einsetzen 61 f.
-,   Multiplikation mit Skalar 58 f.
-,   Nullsetzen 61
-,   Subtraktion 57 f.
-,   Wertzuweisung 60 f.
Vergleichsoperation 19 ff.

Wertzuweisung 7 f.
—, arithmetische 10 ff.
—, Zeichenkette 82 ff.
Wurzelberechnung 16, 18

Zeichenfeld 83 ff.
Zeichenkette 82 ff.
—, Ausgabe 84 f.
—, Länge 83 ff., 89
—, Wertzuweisung 84

Zeichenketten, Aneinanderfügen von 89
—, Vergleich 85 ff.
Zeichenkonstante 29, 82 ff.
Zeichenvariable 82 ff.
Zeichenverarbeitung 82 ff.
Zeichenvorrat 29, 85
Zeiger, intern 80 ff.
Ziffern 29
Zinzeszinsrechnung 13 ff., 21 f.

MIX
Papier aus verantwortungsvollen Quellen
Paper from responsible sources
FSC® C105338

If you have any concerns about our products,
you can contact us on
ProductSafety@springernature.com

In case Publisher is established outside the EU,
the EU authorized representative is:
**Springer Nature Customer Service Center GmbH
Europaplatz 3, 69115 Heidelberg, Germany**

Printed by Libri Plureos GmbH
in Hamburg, Germany